Genial aus Hamburg

Sven Tode
Mathias Eberenz

Genial aus Hamburg

Von der Erfindung zur Marke:
Lippenstift und Zahnpasta,
Rechenschieber und Tintenkuli

Verlag Hanseatischer Merkur
Hamburg 2006

Impressum:

Sven Tode
Mathias Eberenz

Genial aus Hamburg.
Von der Erfindung zur Marke:
Lippenstift und Zahnpasta, Rechenschieber und Tintenkuli.

Hamburg 2006

© Verlag Hanseatischer Merkur GmbH
2006

Gestaltung: Gitte Alpen, Hamburg
Reinzeichnung: Atelier Hauer & Dörfler, Berlin
Druck: H. Heenemann, Berlin
ISBN 3-922857-33-7

Grußwort

Füllhalter, Lippenpflegestift, Mikrochip oder Kaffee – die Palette der in Hamburg gefertigten Produkte ist beindruckend. Hamburg ist Deutschlands Unternehmensmetropole Nummer eins, mit den umsatzstärksten Firmen des Landes, und einem florierenden Branchenmix.

Ole von Beust

Erster Bürgermeister
der Freien und
Hansestadt Hamburg

Zu Beginn des 21. Jahrhunderts hat sich Hamburg durch einen konsequenten Strukturwandel zu einem modernen Technologie- und Dienstleistungsstandort gewandelt. Nicht nur für Deutschland, aber auch für alle anderen Länder ist Hamburg das Tor zur Welt. Und es sind nicht nur die Großen, die Hamburg zum erfolgreichen Wirtschaftsstandort machen. Der Mittelstand ist der eigentliche Motor für den wirtschaftlichen Erfolg der wachsenden Stadt.

Wirtschaftsstandort Hanstestadt in ein sehr positives Licht rückt. Ich begrüße die Arbeit der Autoren, die es sich zur Aufgabe gemacht haben, die unternehmerischen Erfolge an der Alster der Öffentlichkeit zu präsentieren.

Ich wünsche den beiden Autoren eine große Leserschaft und auch weiterhin viel Erfolg bei der Publikation ihrer Werke.

Erster Bürgermeister
Ole von Beust

Vorwort der Autoren

Hamburg ist die Hauptstadt der Marken. In keiner anderen deutschen Stadt haben geniale Tüftler, kluge Kaufleute und kreative Vermarkter in den vergangen 100 Jahren so viele Erfindungen zur Marktreife gebracht und Produkte zum Erfolg geführt. Oft waren die Anfänge bescheiden, doch Hamburgs Unternehmer ließen sich nicht entmutigen. Und so haben Namen wie Holsten und Nivea, Montblanc und Langnese längst auch weltweit einen guten Klang. Doch wie viele der Käufer wissen, dass der Labello-Lippenstift von Beiersdorf in Hamburg erfunden wurde? Dass der Falk-Plan aus Hamburg kommt, die Notrufsäule, oder der Tintenkuli? Auch die elektronischen Pfadfinder von Navigon, die Fruchtsäfte von Punica, der Kultsirup TRi TOP, die Kinder-Hörspiele von Europa, Pixi-Bücher, die Rama-Margarine – alle aus Hamburg!

Mag anderswo ein Louis Leitz den Aktenorder erfunden haben, oder ein Julius Maggi die Suppenwürze – in Hamburg haben Unternehmerpersönlichkeiten wie Carl Wilhelm Edding, Günther Fielmann, Ludwig Görtz, Johann Peter Heinrich Helbing, Viktor Emil Heinrich Langnese, Marlies Möller, Werner Otto, Jil Sander oder Heinrich Engelhard Steinweg Geschichte geschrieben. Dieses Buch würdigt ihre Erfindungen und präsentiert die Marken „Made in Hamburg" erstmals im Zusammenhang.

Sven Tode   Mathias Eberenz

Inhalt

Ein Deodorant muss halten, was es verspricht. ▸ *Mit 8x4 gelang dem Kosmetikhersteller Beiersdorf 1951 der große Wurf: ein Mittel, das speziell das Wachstum der schweißzersetzenden Bakterien hemmt, und das vor allem den ganzen Tag über wirkt – auch bei hohen Temperaturen und extremen körperlichen Anstrengungen.* Doch was tun, wenn der Name des Wirkstoffes – Hexachloridihydroxydephenylmethan – ein mehr als 32 Buchstaben langes Ungetüm ist? Juan Gregorio Claussen, langjähriger Werbeleiter bei Beiersdorf, fand die Lösung: aus den vielen Buchstaben wurde das Kürzel 8x4. Ein einprägsamer Markenname, der für eine lange Wirkungsdauer steht. Unterdessen waren die Forscher weiter aktiv: 8x4 erschien noch im gleichen Jahr als desodorierende Toiletten- und Badeseife. 1952 kam der 8x4 Puder auf den Markt, 1958 das 8x4 Aerosolspray und der 8x4 Deo-Roller, gefolgt vom 8x4 Stift (1963) und dem 8x4 Schaumbad

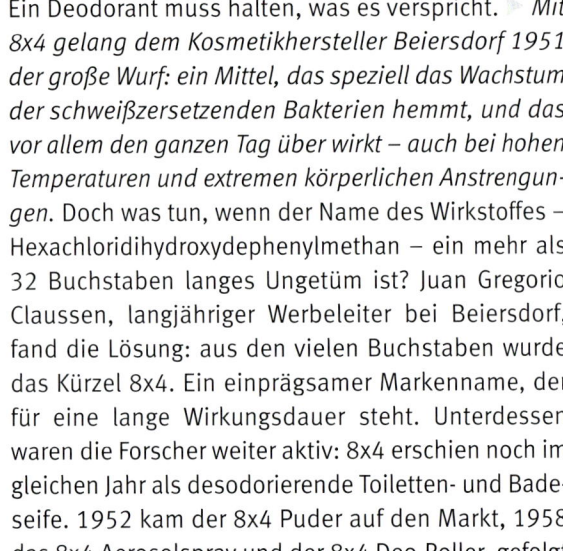

(1967). Beiersdorf ist auch weiter innovativ, entwickelt die Deodorantien kontinuierlich weiter: So gehen die Antitranspirant-Forscher heute mit Hightech-Sensoren auf die Suche nach Duftstoff-Molekülen, analysieren die Schlüsselstoffe im Schweißbukett, um sie dann zu neutralisieren. Dabei sollen die gefundenen Gegenmittel nicht nur wirken, sondern zugleich die natürliche Achselflora erhalten. Der Erfolg spricht für sich: 8x4 ist nicht nur Deutschlands erste Deodorantmarke, sondern heute sogar Marktführer in Japan.

Beiersdorf AG
Unnastraße 48
20245 Hamburg

www.beiersdorf.de
www.8x4.de

8 mal 4

8 mal 4

Mit

Mit

**wird auch „er"-ihr
wieder sympathisch**

**wird man sich selbst
wieder sympathisch**

Alice

Mai 2004: Wochenlang betört ein Modell mit wallendem Kleid und keckem Blick die Hamburger. Sie prangt auf Plakaten und füllt ganzseitige Anzeigen. Zuletzt räkelt sie sich sogar auf 2000 Quadratmeter Leinwand – als Riesenposter am Dock 10 im Hamburger Hafen. „Alice kommt". So lautet das Motto der Werbekampagne. Dann wird das Geheimnis gelüftet: Hinter der aufwändigen Kampagne steht das Hamburger Telekommunikationsunternehmen HanseNet. Und die schöne Alice, im realen Leben das italienisch-amerikanische Model Vanessa Hessler aus Rom – sie soll den gleichnamigen schnellen DSL-Internetzugang bewerben. Der ist – im Paket mit einem Telefonanschluß bei Alice – deutlich günstiger, als bisher am Markt üblich. Zudem entfällt der Einrichtungspreis, und es gibt auch keine Mindestvertragslaufzeit. ▶ *Der Name Alice wurde dabei nicht zufällig gewählt, schließlich denken bei Alice alle an „Alice im Wunderland". Und so soll das attraktive Model die HanseNet-Kunden ins Internet-Wunderland führen.* Dabei soll Alice die Eigenschaften der Produkte verkörpern, für die sie wirbt: Schnelligkeit, Innovation, Zuverlässigkeit. Das Konzept geht auf: Alice und das rote, runde Alice-Logo werden schnell zur bekannten Marke. Innerhalb nur eines Jahres kann HanseNet seinen Kundenstamm verdoppeln. Inzwischen wirbt Alice auch bundesweit in mehr als 60 Städten für die schnellen Breitband-Internetzugänge: auf Plakaten, in Magazinen, Tageszeitungen und im Radio. Dass die Marke Alice aus Hamburg kommt, wissen dabei nur die Wenigsten.

HanseNet
Telekommunikation
GmbH
Überseering 33 a
22297 Hamburg

www.alice-dsl.de

Schriftlich: $664 : 2,78 = 23,88$
  556
  ‾‾‾‾‾‾
  1080
   834
  ‾‾‾‾‾‾
  2460
  2224
  ‾‾‾‾‾‾
  2360
  2224
  ‾‾‾‾‾‾
   136

Mit dem Rechenstab:

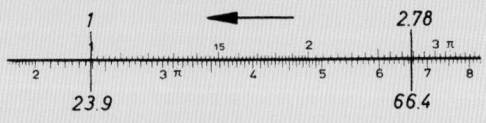

Aristo Rechenschieber

Eine geniale Erleichterung, hundertfach patentiert und millionenfach bewährt: die Rechenschieber von Aristo. Namenspate war 1936 die Erfindung von Aristopal, einem Edelkunststoff. ▶ *Die Marke Aristo geht dabei auf die Hamburger Firma Dennert & Pape zurück. Johann Christian Dennert und Martin Pape betrieben bereits 1863 in der Hamburger Neustadt eine Werkstatt für mathematische Instrumente.* Bei Öllicht wurden in Handarbeit Reißzeuge, Planimeter und andere geodätische Geräte hergestellt. 1873 brachte die Firma den ersten Rechenschieber auf den Markt, inklusive einer 32-seitigen Gebrauchsanweisung. Die Erfindung verkaufte sich gut, denn durch die Industrialisierung wurden immer mehr Zeichen- und Rechengeräte benötigt. Und nicht nur Ingenieure verließen sich auf die logarithmischen Tabellen, die auf den aus hochwertigem Buchsbaum hergestellten Rechenschiebern aufgetragen waren. Der große Sprung nach vorn gelang ab 1949 mit dem für die Schule entwickelten Rechenstab Aristo Scholar. In den 1950er Jahren war Dennert & Pape Weltmarktführer für Rechenschieber. Ob in den USA, Japan oder Australien, überall wurde mit dem Aristo gerechnet. Doch die rasante technische Entwicklung überrollte die Firma schließlich, trotz der Umstellung auf Taschenrechner. Heute gibt es noch das Aristo-„Geodreieck". Das Traditionsunternehmen – es trägt mittlerweile den Namen Aristo – ist jetzt Spezialist für Präzisionswerkzeuge im Bereich Schneiden und Digitalisieren.

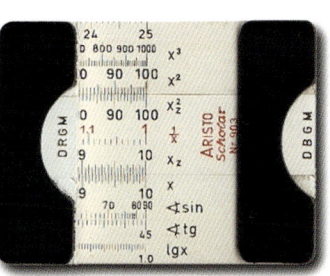

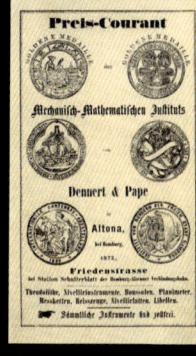

ARISTO Graphic Systeme GmbH & Co KG Schnackenburgallee 117 22525 Hamburg www.aristo.de

Astra – das Kultbier

Astra Bier hat Tradition, schon seit 1909. Der „Stern" (lat. Astra) von St. Pauli kommt ursprünglich aus der Bavaria-Brauerei-Aktiengesellschaft, die ihre Geschichte bis in das Jahr 1647 und Peter de Voss zurückführt, der im damals noch dänischen Altona Bier braute. 1998 wurde die traditionsreiche Brauerei mitsamt ihrer Marke Astra von der Holsten Brauerei übernommen. Von dort kommen heute Astra Urtyp, das stärkere Astra Rotlicht und das Astra Original Hamburger Alsterwasser – alles Hamburger Originale.

▶ *Typisch für den Klassiker Astra Urtyp ist die gedrungene 0,33-Liter-Flasche, liebevoll Granate, Knolle oder Pulle genannt. Der typische Astra-Kasten hat 30 Flaschen des Kultbieres.* Die Verbundenheit der Hamburger mit Astra zeigt sich auch in einer Kuriosität: 1998 war die Stadt kurzzeitig Eigner der Brauerei und sicherte so den Braustandort Hamburg, bevor sie mitsamt der Kultmarke an den Wettbewerber Holsten verkauft wurde. Für Furore sorgt seit 1998 eine originelle und freche Werbekampagne („Astra – Was dagegen?"). Mit viel Sprachwitz und Hamburgensien soll sie eine junge Kundschaft an die Marke binden. Und das gelingt auch: Die Markenbekanntheit ist stark gewachsen. Dazu trägt auch die Partnerschaft bei, die Astra, das Herz von St. Pauli, und der Fußballclub FC St. Pauli eingegangen sind. Zwei Marken aus Hamburg, beide bodenständig, sympathisch und „etwas anders".

Holsten Brauerei AG
Holstenstraße 224
22765 Hamburg
www.astra.de

SCHUHE, DIE NEIDISCH MACHEN.

Belmondo

Die Schuhmarke BELMONDO weckt viele Assoziationen: italienische Eleganz und Lebensfreude, ausgefallenes Design und hohe handwerkliche Qualität. Ihre ersten Gehversuche unternahm die Marke 1989. Damals wurde das Unternehmen BELMONDO in Hamburg gegründet. ▶ *Mittlerweile gehört BELMONDO nicht nur zu den wichtigsten Schuhmarken in Deutschland, sondern auch in vielen europäischen Ländern.* Mehrere hundert Fachhändler mit über 1000 Verkaufsstandorten vertreiben die Marke, die trotz ihres hohen Qualitätsanspruchs im mittleren Preissegment liegt. Der Großteil der Modelle wird dabei von der Sohle bis zum Obermaterial aus Leder aufwändig von Hand gefertigt. Jährlich entwirft BELMONDO zwei Hauptkollektionen, von denen jede rund 150 Damen- und Herrenmodelle umfaßt. Das BELMONDO-Team in Hamburg läßt sich dabei von den modischen Einflüssen in den südeuropäischen Metropolen inspirieren und setzt seine Ideen dann mit immer neuen Stil- und Materialkombinationen um. Zur Popularität der Marke tragen auch die außergewöhnlichen Werbespots- und Anzeigen bei, die von der Hamburger Werbeagentur Springer & Jacoby konzipiert werden. Die Anzeigenmotive „Ein Mann will nach oben" und „Spürst Du's auch?" wurden von der Werbepresse als die erotischsten Motive in der Rubrik „Mode" prämiert. Die aktuelle Kampagne „Schuhe, die neidisch machen", setzt die Marke BELMONDO in einem luxuriösen Ambiente perfekt in Szene.

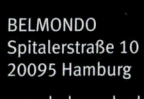

BELMONDO
Spitalerstraße 10
20095 Hamburg

www.belmondo.de

Derby: Acatenango siegte

Große Berichte
auf den Seiten 13,14 und 15

Mit 17: Der erste Deutsche, der in Wimbledon siegte

Boris
suuuper

Montag, 8. Juli 1985 – 50 Pf
Nr. 156/28 • HAMBURG-AUSGABE • C 1784 Ä

Bild
HAMBURG
UNABHÄNGIG·ÜBERPARTEILICH

Der strahlende Augenblick im jungen Leben des Boris Becker: Er
küßt den Wimbledon-Pokal in den Händen, küßt ihn.

Kronrat einberufen
Prinzessin Kent:
Scheidung für Öl-Millionär?

Von SIEGFRIED HELM

Die Queen soll wegen der Liebenaffäre der
Prinzessin von Kent (40) mit dem Ölmilliardär
Ward Hunt (44) den Kronrat angerufen haben, berichtet Englands größte Sonntags-
Zeitung „News of the World". Nun hat der
deutsche Prinzessin angeblich einen fest-
entschlossen gemacht – gilt sie sich für ihn
scheiden?

Herzog Michael · Prinzessin Kent · Millionär Hunt

▸ Lesen Sie weiter auf der letzten Seite

Punkt als Journalist

Nachrichten

Hamburg: Räuber überlistet

Braune Eier verboten

Bombenfassche aus Asien

Alpsholz nach „Othello"

Sieg für BMW

Deep Purple in Nürnberg

Die Gewinnzahlen

Jubelnd reißt Boris Becker die Arme hoch, ballt vor Freude die Fäuste: Gewonnen! 21 Asse hat er seinem Final-gegner Curren gestern ins Feld geknallt. In der sensationell-len Final-Sieg kassiert 620 000 Mark. In der Weltrang-liste springt er von Platz 20 auf 7. „Die Tennis-welt, und nicht nur sie, bewundert den Boris.

Wahnsinn
Unfälle im F... Ver...
23 Tot

Die zweite Welle im
Ferienverkehr wur-
de für viele zur Tra-
gödiefälle. Trauriger
Bilanz des Wochen-...

Weite
Sonn
Hier sind no
Zimmer f

Metaller: Mayr soll Chef bleiben

BILD

BILD ist Europas größte Zeitung. Die Zahlen sprechen für sich: Zwölf Millionen Leser pro Tag, 33 Regional- und Lokalausgaben, ein Netzwerk von mehr als 1000 Journalisten. Der Anspruch der Zeitung mit Stammsitz in Hamburg: Näher dran sein, aktueller und exklusiver zu berichten als die Wettbewerber. ▶ *„Die gedruckte Antwort auf das Fernsehen" – so bezeichnete der Verleger Axel Springer später den neuen Zeitungstyp, den er am 24. Juni 1952 in Hamburg aus der Taufe gehoben hatte.* Der Umfang betrug vier Seiten, die Auflage 455.000. Zehn Pfennig kostete ein Exemplar. Springer versprach seinen Lesern „Deutschlands modernste Zeitung". BILD hielt das Versprechen. Die Mischung aus reichlich Fotos, Information und Unterhaltung kam an. Schon 1953 kletterte die Auflage über die Millionengrenze. 1965 erreichte sie die Vier-Millionen-Marke – auch dank der originellen BILD-Schlagzeilen. „Der Mond ist jetzt ein Ami", hieß es etwa nach der ersten Mondlandung 1969, oder „Wir sind Papst" nach der Berufung des deutschen Kardinals Joseph Ratzinger 2005 ins höchste Amt der katholischen Kirche. Auch wenn BILD wegen seines Boulevardstils immer wieder heftig kritisiert wird: Das einstige Groschenblatt hat den Rang einer nationalen Institution, und Aktionen wie „BILD kämpft für Sie!" (seit 1971) oder „Ein Herz für Kinder" (seit 1978) genießen große Popularität. Die erfolgreiche Dachmarke BILD umfaßt inzwischen auch Titel wie BILD der Frau, Auto BILD oder Computer BILD.

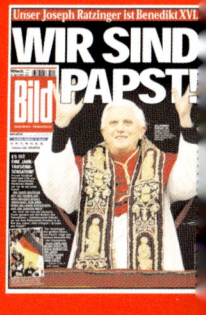

BILD
Axel Springer AG
Axel-Springer-Platz 1
20350 Hamburg

www.bild.de

Bijou Brigitte

Es gibt wohl kaum noch eine große Einkaufsstraße oder ein Shoppingcenter in Deutschland ohne ein Modeschmuckgeschäft von Bijou Brigitte. Armschmuck und Broschen, Ketten und Ringe, Gürtel und Uhren – das Modeschmuck-Imperium aus Hamburg-Poppenbüttel zählt europaweit mittlerweile mehr als 800 Läden, davon über die Hälfte außerhalb Deutschlands – und es weist Jahr für Jahr Umsatzrekorde aus. ▶ *Angefangen hat alles mit einem Musterkoffer voll Schmuck, mit dem der Gründer und heutige Vorstandschef des Familienunternehmens, Friedrich-Wilhelm Werner, 1963 „Klinkenputzen" ging.* Startkapital für den Import und Handel mit Modeschmuck war ein Kredit über 5.000 DM, für den sein Vater bürgen musste. Die ersten Warenlieferungen bezog er von einem Freund in Hongkong. Drei Jahre später begann der Unternehmer mit dem Aufbau einer eigenen Fabrikation und der Etablierung einer bundesweiten Vertriebsorganisation. 1977 eröffnete Werner dann in Norderstedt den ersten Bijou Brigitte-Laden. Zum französischen „bijou" (Schmuckstück) gab Werners Ehefrau den Namen dazu – so entstand der Firmenname. Auf den Erfahrungen des bescheidenen Anfangs beruht möglicherweise das Augenmaß, das Friedrich-Wilhelm Werner, der 2005 im Rahmen des Hamburger Gründerpreises für sein Lebenswerk ausgezeichnet wurde, stets bewiesen hat und noch immer beweist – auch jetzt, wo die nächste Expansion anvisiert wird: nach Großbritannien und in die USA.

Bijou Brigitte
modische
Accessoires AG
Poppenbütteler Bogen 1
22399 Hamburg
www.bijou-brigitte.com

Hammonia

Sie steht triumphierend auf ihrem Brunnen am Hansaplatz im Stadtteil St. Georg, thront als farbiges Mosaik über dem Rathaus-Portal und ist als Statue an der Brooksbrücke vor der Speicherstadt aufgestellt: Hammonia, Hamburgs Stadtgöttin. Die Herkunft des Namens ist unklar, doch gilt die Figur Hamburgs Bürgern spätestens seit dem 18. Jahrhundert als eine Art Schutzheilige. Auf Münzen und Medaillen geprägt, in Stein gehauen, oder als Zierde für Bildbände trägt sie mal Stadtschild und Merkurstab, mal eine zinnenbewehrte Mauerkrone, manchmal wurde sie sogar – passend für eine Hafenstadt – mit Anker und Steuerrad ausgestattet. Vereine, Firmen und Produkte wurden nach ihr benannt, Dichter sangen ihr ein Lied. Das berühmteste – das „Hammonia-Lied" von Georg Nikolaus Bärmann (Musik) und Albert Methfessel (Text) aus dem Jahr 1828 – gilt auch heute noch als inoffizielle Hamburg-Hymne:

1. Stadt Hamburg an der Elbe Auen,
Wie bist du stattlich anzuschauen!
Mit Deiner Türme hoch Gestalt
und Deiner Schiffe Mastenwald.

Refrain:
Heil über dir, heil über dir,
Hammonia, Hammonia!
O wie so herrlich stehst du da!

2. Reich blühet dir auf allen Wegen
Des Fleißes Lohn, des Wohlstands Segen:
Soweit die deutsche Flagge weht,
In Ehren Hamburgs Namen steht.
Refrain:

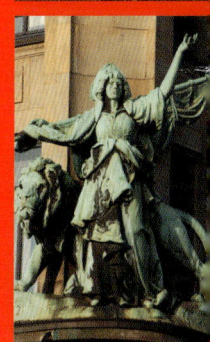

3. In Kampf und Not bewährt aufs Neue
Hat sich der freien Bürger Treue
Zur Tat für Deutschlands Ruhm bereit,
Wie in der alten Hansezeit.
Refrain:

4. Der Becher kreis' in froher Runde,
Und es erschall aus Herz und Munde:
„Gott wolle ferneres Gedeih'n
Der treuen Vaterstadt verleih'n!"
Refrain:

Block House

Unkompliziert essen gehen, das ist heute nichts Besonderes. Die gastronomische Vielfalt ist schließlich allgegenwärtig. Vor vierzig Jahren war das anders, als deutsche Gerichte die Speisekarte die Gastronomie bestimmten. ▶ *Doch das änderte sich, als der Gastronom Eugen Block 1968 die Hamburger mit etwas völlig Neuem überraschte: In der Dorotheenstraße in Winterhude eröffnete er Deutschlands erstes Steak Restaurant.* Vor allem Familien fanden das Block House von Anfang an attraktiv. Und das liegt am bis heute unveränderten Erfolgsrezept: Steak Menüs, Beilagen wie Cole Slaw American Style, Baked Potato mit Sour Cream, Knoblauchbrot und immer ein frischer Salat vorweg. Längst ist aus dem ersten Steak Restaurant eine Gastronomie-Kette erwachsen, mit 32 Block House-Standorten in zehn Städten. Fünf Millionen Gäste lassen sich die Mischung aus saftigem Fleisch und leichter Vitaminküche dort jährlich schmecken. Auch im Ausland wächst die Kette: Nach dem Erfolg der Block House Restaurants in Marbella, Malaga, Thessaloniki und Lissabon wurde unlängst sogar eine Filiale in Peking eröffnet. Athen soll folgen. Die Steakhäuser bilden dabei das Fundament einer Firmengruppe, die Eugen Block aufgebaut hat. Kernstück ist das 1985 eröffnete Elysée Hotel am Dammtor. Das Fünf-Sterne-Haus wurde gerade zum Grand Elysée ausgebaut – mit 520 Zimmern und dem größten Hotel-Festsaal der Stadt.

BLOCK HOUSE
Restaurant-
betriebe AG
Hufnerstraße 51
22305 Hamburg

www.block-house.de

Ein Tag aus dem Diäko Programm: ca. 1000 kcal.

Diäko – Essen mit Lust

Diäten gibt es viele. Ein Kompaktprogramm mit vorbereiteten Mahlzeiten hingegen nur 1 mal: Diäko ist mit seinem Ernährungsprogramm Vorreiter der Komplettmenüs. Aus sieben Menü-Programmen kann der Kunde inzwischen wählen und auch an die besonderen Bedürfnisse der Heranwachsenden ist mit der Kidfit-Diät gedacht. Von Profiköchen zubereitet – ohne Konservierungsstoffe und Geschmacksverstärker – werden hochwertige Zutaten zu abwechslungsreichen Menüs. Vom Frühstück über Zwischenmahlzeiten bis zum Abendessen – alles bereits vorbereitet. Einkaufen, Kochen und Zubereitung entfällt für den Diäko-Kunden. Der Verbraucher kann sich ganz auf den Genuss der Mahlzeiten konzentrieren. Mit Aussagen, wie viele Pfunde man verliert, hält man sich bei Diäko allerdings zurück – denn der Erfolg spricht für sich. ▶ *Die Idee zu Diäko wurde in der Sandkiste auf dem Kinderspielplatz geboren, in einem 10 m²-Raum in Niendorf umgesetzt und zunächst als Frauengeschäft belächelt.* Vertrieben wurde überdies per Versand, über den auch heute noch der Großteil der 8 Millionen Euro Umsatz erwirtschaftet wird. Zusätzlich nimmt der Verkauf über Kaufhäuser und Supermärkte immer mehr zu. Qualität und Nachfrage haben die Einkäufer von Karstadt, familia und Spar überzeugt. Und das Geschäft in Niendorf, wo

alles anfing, bietet die gesamte Produktpalette von der Italienischen Woche über die Fatburner-Diät bis zum bunten Gemüsegarten-Programm.

Diäko GmbH
Krähenweg 7
22459 Hamburg
www.diaeko.de

Dolmar

Benzin-Motorsägen, elektrische Heckenscheren, Trennschleifer, Rasenmäher: Dolmar bedient mit seinen ratternden Schwertern – dem Markenzeichen des Hamburger Traditionsunternehmens – Waldarbeiter und Gärtner in aller Welt. Und das schon seit 1927.

▶ *Als Emil Lerp damals die erste benzinbetriebene Motorsäge entwickelte, konnte er nicht ahnen, welchen Erfolg er mit seiner Erfindung haben würde. Den Namen seines Testgebietes, den thüringischen Berg Dolmar verewigte er im Firmennamen.* Lerp legte den Grundstein für die Mechanisierung der Waldarbeit. Holz ist ein Rohstoff, der in einem natürlichen Kreislauf immer wieder neu gewonnen werden kann – und Dolmarsägen sorgen für den fachgerechten und effektiven Abbau. Hergestellt werden die Motorsägen von Hand aus bis zu 182 Einzelteilen im Werk in Hamburg-Wandsbek. Die Kunden in aller Welt schätzen dabei die Zuverlässigkeit und Langlebigkeit der Dolmar-Produkte, ob in der russischen Tundra, den kanadischen Wäldern oder den anderen 100 Ländern, in die das Traditionsunternehmen exportiert. Der Deutsche Fachhandel wählte Dolmar 2004 zur „Marke des Jahres". Seit 1991 gehört das Hamburger Unternehmen zum japanischen Makita-Konzern. Dolmar steht für modernste Produktionstechniken, innovative Erfindungen und höchstes Qualitätsniveau. Jährlich verlassen das Hamburger Werk 340.000 Geräte, Tendenz steigend.

DOLMAR GmbH
Jenfelder Str. 38
22045 Hamburg
www.dolmar.de

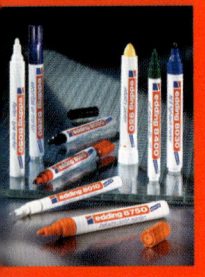

edding – Der Marker

Ob in der Industrie, im Haushalt oder Hobby, fürs Autogrammschreiben der Stars und Sternchen bis hin zu Extremsituationen in der Raumfahrt oder zum Markieren unter Wasser – die Marker von edding aus Ahrensburg bei Hamburg sind immer dabei. ▶ *Über 100 Millionen edding-Stifte werden pro Jahr in über 70 Länder verkauft, und mit einem Anteil von über 70 Prozent bei Markierstiften ist edding Marktführer in Deutschland.*

Eine Entwicklung, von der Carl Wilhelm Edding 1960 nur träumen konnte. Zusammen mit seinem Schulfreund Volker Ledermann hat er die Firma damals in einem Keller in Hamburg-Barmbek gegründet – mit 1000 Mark Startkapital. Die Stifte wurden anfangs noch aus Japan importiert. Heute gilt der Markenname edding weltweit als Synonym für Markierstifte. Der Klassiker im edding-Sortiment ist der schwarze Permanentmarker edding 3000. Doch längst wurde das Produktportfolio auf rund 150 Produkte weiter ausgebaut: So gibt es Markierstifte für CDs, Tuschezeichner zum Bemalen von Ostereiern, Windowmarker für Fensterscheiben oder licht- und waschechte T-Shirt-Maler. Dazu kommen Fugenmarker fürs Badezimmer und Hautmarker, die Chirurgen und Röntgenärzte einsetzen. Und in Kfz-Werkstätten verdrängen edding-Stifte die Kreide zur Markierung von Autoreifen. Mit edding-Stiften läßt sich heute fast jedes Material beschriften und markieren.

edding
Aktiengesellschaft
Bookkoppel 7
22926 Ahrensburg

www.edding.de

edding 1200 superior quality 4 GERMANY
edding 1200 superior quality 11 GERMANY
edding 1200 superior quality 64 GERMANY
edding 1200 superior quality 14 GERMANY
edding 1200 superior quality 10 GERMANY
edding 1200 superior quality 17 GERMANY
edding 1200 superior quality 3 GERMANY
edding 1200 superior quality 8 GERMANY
edding 1200 superior quality 20 GERMANY
edding 1200 superior quality 69 GERMANY
edding 1200 superior quality 9 GERMANY
edding 1200 superior quality 18 GERMANY
edding 1200 superior quality 7 GERMANY
edding 1200 superior quality 28 GERMANY
edding 1200 superior quality 19 GERMANY
edding 1200 superior quality 2 GERMANY
edding 1200 superior quality 6 GERMANY
edding 1200 superior quality 16 GERMANY
edding 1200 superior
edding 1200

Eppendorf

Tempo steht bei Verbrauchern für ein Taschentuch und tesa steht für Klebefilm. Was kaum jemand weiß: Auch in der Welt der Biomedizin gibt es Markennamen, die als Synonym für eine Produktgattung benutzt werden. Das „Eppi", ein kleines Universal-Probengefäß aus Hamburg, ist so ein Fall. Denn das „Eppi" hat die Laborwelt revolutioniert – und wird rund um den Globus für Experimente in Forschungslabors eingesetzt. ▶ *Entwickelt wurde das Kunststoff-Gefäß 1962 von der Firma Eppendorf Gerätebau in Hamburg. Deren Gründer Dr. Heinrich Netheler und Dr. Hans Hinz überraschten die Fachwelt damals mit dem ersten Mikroliter-Probengefäß.* Als Bestandteil eines Systems aus Pipette, Zentrifuge und Thermomixer sorgte das kleine Kunststoff-Röhrchen dafür, dass die Forscher auf sehr einfache Weise Flüssigkeiten im Mikroliterbereich transportieren und untersuchen konnten. Denn das „Eppi" ist nicht nur hitzeresistent, sondern kann auch höheren Zentrifugalkräften standhalten. Aus der 1945 auf dem Gelände des Universitätskrankenhauses gegründeten Firma ist mittlerweile die Eppendorf AG geworden, ein weltweit tätiger Biotechnologie-Konzern mit ca. 320 Millionen € Umsatz und 1900 Mitarbeitern. Die Zentrale wurde zwar nach Hamburg-Hummelsbüttel verlegt und das Geschäft kräftig erweitert (z.B. auf Genanalysen), aber der Name blieb bestehen. Und die „Eppis"? Sie gelten auch weiterhin als Standard in der Branche.

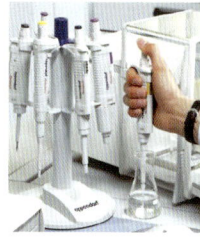

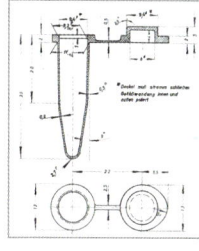

Eppendorf AG
Barkhausenweg 1
22339 Hamburg

www.eppendorf.de

Esbit

Esbit®

TROCKEN-BRENNSTOFF

Zum Kochen und Wärmen von Speisen und Getränken

Esbit Compagnie
GmbH
Marlowring 21
22525 Hamburg

www.esbit.de

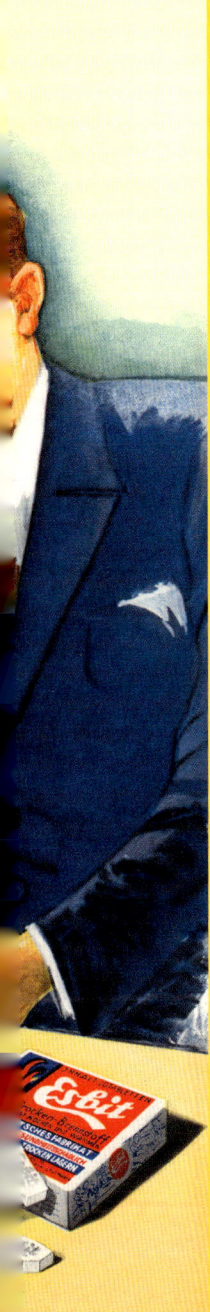

Esbit

Immer und überall Feuer, Licht und Wärme – dafür steht die weiße Brennstofftablette Esbit, die jeder Camper kennt. Esbit verflüssigt nicht, bleibt also bis zur restlosen Verbrennung in seiner festen Form und hinterlässt kaum Rückstände. Ein wesentlicher Bestandteil von Esbit ist Hexamethylentetramin, ein weißes, kristallines Pulver. Schon kleine Mengen des Trockenbrennstoffes genügen, um warme Mahlzeiten zuzubereiten, Wasser abzukochen oder sich aufzuwärmen. Den mit 85 Prozent größten Teil des Umsatzes verdankt Esbit Streitkräften und Hilfsorganisationen aus dem In- und Ausland. So ist der Trockenbrennstoff fester Bestandteil der Rationspakete für Soldaten zahlreicher Armeen in Europa und Übersee, auch bei der Deutschen Bundeswehr. Bei Naturkatastrophen wie Erdbeben oder Überschwemmungen verteilen ihn viele Hilfsorganisationen zusammen mit den Nahrungsrationen. Damit Esbit auch unter widrigen Bedingungen genutzt werden kann, hat das Unternehmen einfache, faltbare Kocher sowie auch Biegekocher entwickelt, die teilweise zugleich als Transportbehälter dienen. ▶ *Unter dem Namen Erich Schumm Brennstoff in Tabletten (Esbit®) entwickelte Erich Schumm 1932 die kleinen Brennstofftabletten. In aller Welt bekannt wurde Esbit seit 1949, als sich Erich Schumm und Adolf Langeloh zur Esbit Compagnie GmbH zusammenschlossen, um ihre Produkte gemeinsam von Hamburg aus zu exportieren.* Esbit Compagnie beliefert heute Kunden in 30 Ländern.

EUZERIN
30
PFENNIG
SEIFE

Ceromentum
Menthol-Eucerin nach Hofrat Dr. Stepp.

BEIERSDORFS
EUZERIN-SEIFE
6 STÜCK RM 1.-
1 STÜCK 18 Pf.

STABLE
NEUTRAL
ODOURLESS
EUCERINUM
Anhydricum
THE SUPERIOR OINTMENT
BASE.

PH5 · EUCERIN ®

Eucerin®

Keine Salbe, keine Creme, keine Lotion ohne die Erfindung von Isaac Lifschütz, der einen Weg fand, Wasser und Fett mit Hilfe von Schafswollfett zu verbinden. Ein Meilenstein in der Geschichte der Chemie. Ihm gelang es, das von Otto Braun entwickelte Lanolin zu verbessern. Mit Eucerit anhydricum entwickelte er eine unbegrenzt haltbare geschmeidige hydrophile Salbengrundlage – das gute Wachs (Eucerit) wie sein Grundstoff schließlich benannt wurde. 20 Patente hielt Lifschütz schließlich, stetig verbesserte er seine Rezeptur.

Über die Schwanenapotheke in der Dammtorstraße, die Eucerit in Hamburg vertrieb, war Dr. Oskar Troplowitz auf den genialen Erfinder aufmerksam geworden. Der Besitzer von Beiersdorf holte Lifschütz 1911 nach Eimsbüttel. Erst durch die von Lifschütz gelegte Grundlage konnten Troplowitz und Prof. Unna schließlich eine Salbe entwickeln, die heute zu einer der bekanntesten Marken der Welt gehört: die schneeweiße NIVEA Creme. ▶ *Eucerit wurde weltweit Salbengrundlage für therapeutische und kosmetische Salben. Kaum eine Apotheke, in der sich nicht bis heute Euceritdosen zum Anrühren von medizinischen Salben befinden.*

Beiersdorf schuf mit Eucerin 1911 auch eine eigene Marke, die sich mittlerweile zu einer Hautpflegemarke ersten Ranges etabliert. Von therapeutischen Produkten mit Urea bei Neurodermitis bis zu prophylaktischen Hautpflegeprodukten bietet Eucerin eine abgestimmte Produktpalette für das größte Organ des Menschen: die Haut.

Beiersdorf AG
Unnastraße 48
20245 Hamburg
www.beiersdorf.de

EUROPA-Hörspiele

Fremde Welten, Abenteuer, Spannung – wer kennt sie nicht, die Geschichten von Winnetou und den drei Fragezeichen, die Kinderherzen höher schlagen lassen? EUROPA, das Hörspiellabel aus Hamburg, hat die Geschichten in die Kinderzimmer gebracht. Unvergessen die sonore Stimme von Hans Paetsch – sie klingt in den Ohren von Generationen nach und legte mit den Grundstein für den Erfolg. Mit über 40 Millionen verkauften Tonträgern sind die Kultserien „TKKG" und „Die drei ???" die erfolgreichsten EUROPA-Hörspielproduktionen. In einer schnelllebigen Zeit weckt das Hörspiel die Phantasie der Kinder, die das Gehörte für sich in Bilder umsetzen. Seit über 40 Jahren schon verzaubern die von EUROPA produzierten Geschichten Kinderherzen. Mit einem Bekanntheitsgrad der Marke EUROPA von 80 Prozent gehört das in Hamburg entstandene und heute zum Bertelsmann Konzern gehörende Label zu den erfolgreichsten Medienmarken Deutschlands. ▶ *Rückblick: 1961 gründeten David L. Miller, Andreas E. Beurmann und Wilhelm Wille in Quickborn bei Hamburg die Miller International Schallplatten GmbH. Zunächst wurde Unterhaltungsmusik produziert, ab 1965 gelang mit dem Markennamen EUROPA der Durchbruch.* Zu den Schallplatten kamen ab 1970 die Musikkassetten. Seit 1989 gehört EUROPA mit Sitz am Stubbenhuk in der Hamburger Neustadt zur Bertelsmann Music Group (BMG), seit 2004 zur Sony BMG.

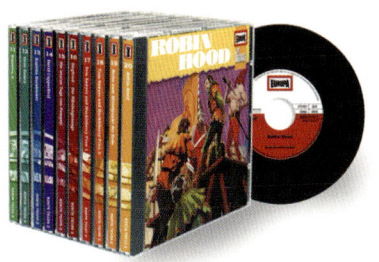

SONY BMG MUSIC ENTERTAINMENT (GERMANY) GmbH
Family Entertainment
Stubbenhuk 7
20459 Hamburg

www.natuerlichvon europa.de

Hamburger

▶ *Klaus Störtebeker* Um den Seeräuber Klaus Störtebeker (1370–1401) ranken sich Legenden. Heringe habe er an die Bevölkerung verteilt, in der Art eines Robin Hood „Pfeffersäcke" beraubt und die Beute an Mittellose verteilt. Und als er schließlich gefasst wurde, sei er kopflos nach der Enthauptung an seinen Männern vorbeimarschiert und habe sie so gerettet. Der Name – Stört de beker (=Stürz den Becher) – lässt auf einen trinkfesten Mann schließen, ist allerdings in historischen Quellen kaum zu finden; Godeke Michels war der eigentliche Anführer der Vitalienbrüder. Nur ein Denkmal am Brooktor und der Störtebekerweg in Neugraben erinnern an den Seeräuber – und an die Legenden, die seit Generationen weitererzählt werden.

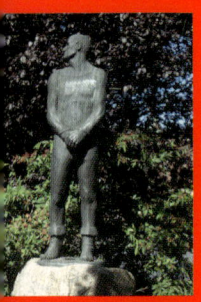

Klaus Störtebeker

▶ *Matthias Claudius* „Der Mond ist aufgegangen, ..." – die Zeilen des berühmten Abendliedes stammen von Matthias Claudius (1740–1815), dem frühen Aufklärer aus Wandsbek. In Hamburg lernte er Klopstock, Lessing und Büsch kennen. Hier gab er die „Hamburgischen Adreß-Comptoir-Nachrichten" heraus, redigierte den „Wandsbeker Boten". Schockiert über die Ereignisse der der Französischen Revolution wandte sich der Freimaurer von der Aufklärung ab, verließ seine Heimatstadt, als sie von Napoleons Truppen besetzt wurde, kehrte jedoch später zurück. Über Hamburg hinaus bekannt wurde Claudius durch seine Dichtungen. Das Symbol des „Wandsbeker Boten" – Wandertasche, -stab und Hut – ist bis heute ein Teil des Wandsbeker Wappens.

Matthias Claudius

▶ *Johannes Brahms* (1833–1897) trat bereits als Zehnjähriger in einem Hamburger Privatkonzert auf. In der Neustadt in eine arme aber künstlerische Familie geboren, lernte Brahms auf Tourneereisen das Ehepaar Schumann kennen, das ihn enthusiastisch feierte. Engagements an diversen Opernhäusern folgten. 25jährig brachte Brahms sein erstes Klavierkonzert in den Konzertsaal. Schließlich verliehen die Hamburger dem zunächst verkannten Genie 1899 die Ehrenbürgerwürde. Seit 1928 verleiht der Senat die Brahms-Medaille für hervorragende Leistungen auf dem Gebiet der Musik.

Johannes Brahms

▶ *Albert Ballin* „Mein Feld ist die Welt" – das Motto des Generaldirektors der Reederei HAPAG, Albert Ballin (1857–1918), zeugt von Tatendrang. Als jüngstem von 13 Kindern war der spätere Erfolg zwar kaum absehbar gewesen. Doch 1886 wurde der tüchtige Kaufmann Leiter der HAPAG-Passagierabteilung, 1892 entstand am Amerikakai ein Auswandererzentrum, und 1901 ließ Ballin auf der Veddel die „Ballinstadt" errichten, die rekonstruiert bis 2007 als Museum eröffnet wird. Als Vorsitzender der Internationalen Schifffahrtsverbände genoss Ballin weltweite Anerkennung. Seine für einen Hanseaten unüblich ausgeprägte Kaisertreue zeigte er, in dem er bei Ausrufung der Weimarer Republik den Freitod wählte.

Albert Ballin

Hamburger

▶ *Uwe Seeler* (*1936) – *„Uns Uwe"*, wie die Hamburger Ihren Ehrenbürger liebevoll nennen, ist Idol und Vorbild für Millionen von Menschen. Von 1995–1998 war er Präsident des Hamburger Sport-Vereins, für den er schon als Neunjähriger spielte. 239 Ligaspiele folgten. Der Ehrenspielführer der deutschen National-mannschaft ist ein Sympathieträger seiner Heimat-stadt – nicht nur wegen seiner sportlichen Erfolge. Denn *„Uns Uwe"* verkörpert stets auch die Hamburger Tugenden: Fairness, Bescheidenheit, Teamfähigkeit, Pflichterfüllung, Weltoffenheit. Und er fühlt sich dem Gemeinwohl verpflichtet, engagiert sich für Benach-teiligte, etwa über die Deutsche Muskelschwund-Hil-fe, oder seit 1996 mit der Uwe Seeler Stiftung.

Uwe Seeler

▶ *Helmut Schmidt* „Schmidt Schnauze", wie Helmut Schmidt (*1918) aufgrund seines Redetalents genannt wird, ist den Hamburgern als zupackender Innense-nator bei der Sturmflut 1962 vertraut. Als Bundeskanz-ler steuerte er pragmatisch Deutschland durch Ölkrise, Terrorismus und Aufrüstungsdebatten. Seit 1983 Her-ausgeber der Wochenzeitung „Die Zeit" mischt sich der Ehrenbürger in politische Fragen ein. Die Hambur-ger Bundeswehruniversität trägt seit 2003 seinen Namen. Hanseatisches Understatement hat der Wel-tenbürger Schmidt sowohl in der mehrfachen Ableh-nung des Bundesverdienstkreuzes (ein Hanseat nimmt keine Orden an) wie in der ihm eigenen Art, der Anrede Herr Bundeskanzler mit der Antwort „Mein Name ist Schmidt" zu begegnen, unter Beweis gestellt.

Helmut Schmidt

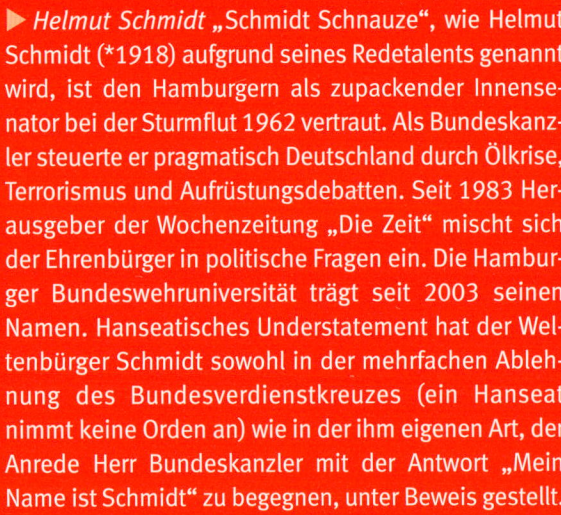

▶ *Hans Albers* In der Langen Reihe in St. Georg wurde der Schlachtersohn Hans Albers (1891–1960) geboren. Das Hamburger Original wirkte in unzähligen Filmen mit und versuchte sich als Sänger. Für die Hamburger verkörperte er den Seebären, den Kapitän, stand für das Maritime mit seinem deutlichen Hamburger Akzent. Die große Freiheit erlebte er selbst hingegen nur selten. Seine Lebensgefährtin Hansi Burg musste nach England emigrieren. Albers blieb sein Leben lang ledig. Abschied von Hans Albers nehmen wir mit seinem Lied *„Flieger, grüß mir die Sonne."* Ein Denkmal des Schauspielers auf dem Hans Albers Platz im Stadtteil St. Pauli erinnert an den Sohn der Stadt.

Hans Albers

▶ *Heidi Kabel* Vielleicht war Heidi Kabel (*1914) ihr Schicksal in die Wiege gelegt, als sie in den Großen Bleichen, vis-à-vis zum späteren Ohnsorgtheater, das Licht der Welt erblickte. Ihre Berufung ist die Bühne. Und nachdem sie ihren Traum von einer Karriere als Konzertpianistin begraben musste, fand sie in der Niederdeutschen Bühne eine Anstellung. Überregionale Bedeutung erlangte sie als Hamburger Original durch die Fernsehübertragungen aus dem Ohnsorg Theater seit 1954. Lebensfreude und soziales Engagement sind der Volksschauspielerin eigen, die über 65 Jahre auf der Theaterbühne stand. Auch durch ihre Hamburger Lieder hat sie sich auch in die Herzen der Hamburger gespielt.

Heidi Kabel

Falk-Plan

Als der Kartograf Gerhard Falk Ende 1945 in einer dahinrumpelnden Straßenbahn in Hamburg laut ausrief „Ich hab's", wurde er von den anderen Fahrgästen erstaunt angeschaut. Es war die Geburtsstunde eines der großen deutschen Markenartikel: des patentierten Falk-Planes. Falk hatte einen Stadtplan erfunden, der sich wie ein Taschenbuch durchblättern ließ. Dazu kam die Projektion mit dem „Lupeneffekt", die das Innenstadtgebiet größer abbildete als die Außenbezirke. ▶ *Der Falkplan von Hamburg – 1946 erstmals erschienen – war so erfolgreich, dass schon kurz danach Pläne weiterer Städte auf den Markt kamen.* Bis heute sind es mehr als 80 allein in Deutschland. 1961 wurde Falk die Bezeichnung „Europas größter Stadtplan-Verlag" zuerkannt, und noch heute ist Falk – mit mittlerweile mehr als 100 Millionen verkauften Plänen – der größte Stadtplan-Verlag der Welt.

So einfach die Handhabung der Falk-Pläne ist, so kompliziert ist die Herstellung. Das Falzen erfolgte bis in die frühen 1980er Jahre in Handarbeit, bis moderne Falzmaschinen die Arbeit übernahmen. Heute

stehen zwei dieser patentierten Falzmaschinen in Wittingen bei Hamburg. Nach Öffnung der deutschen Grenze und der Wiedervereinigung erschienen in schneller Folge Falkpläne von allen größeren Städten der neuen Bundesländer. 1996 verkauften die Erben von Gerhard Falk den Falk Verlag an Bertelsmann; seit 1998 gehört Falk zur MAIRDUMONT.

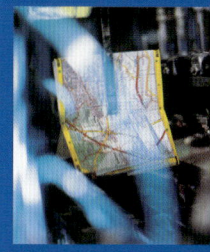

FALK Verlag
Marco-Polo-Straße 1
73760 Ostfildern
www.falk.de

FC St. Pauli

Bekannter als Hamburg und mit der Reeperbahn zugleich Wahrzeichen der Stadt: Der FC St. Pauli ist mehr als ein Sportverein – er ist ein Mythos, eine Lebenshaltung. Tief im Stadtteil über Generationen verwurzelt sind die St. Paulianer, als die sich Spieler, Mitglieder und Fans verstehen, eine Einheit. Seit bald 100 Jahren ist dieser Verein „not established" – er war es nie. ▶ *Das Millerntor – die Spielstätte des Kiez-Clubs – ist für viele Menschen Heimat – und das weit über die Grenzen Hamburgs hinaus.* St. Pauli-Fans sind unbestritten einzigartig: Sie haben sich als erste gegen faschistische Tendenzen in deutschen Fußballstadien gewehrt, sie leben Solidarität mit Unterdrückten und Benachteiligten und durchleiden das Auf und Ab der Leistungen von Mannschaft und Verein als „Retter". „You'll never walk alone" – die berühmte englische Fußballhymne ist auch das Schlachtlied der St. Paulianer. Mehrere Jahre war der Kiez-Club in der ersten Bundesliga (1971, 1988, 1995–1997, 2001/02), zumeist aber in der zweiten Liga, bevor 2003 der Abstieg in die Drittklassigkeit folgte. Dennoch gehört St. Pauli zu den 20 bestverkauften Sportmarken, weit vor vielen großen Bundesliga-Clubs. Kuriositäten am Rande: St. Paulis Rugby-Damenmannschaft hat schon mal den Titel Deutscher Meister geholt. Und der Theatermacher Corny Littmann ist der erste schwule Präsident eines Fußballclubs. Kein Wunder, denn St. Pauli ist nicht nur „Pokal" sondern vor allem Kult, Lebensgefühl und Identität.

Geschäftsstelle
FC St. Pauli
von 1910 e.V.
Auf dem Heiligen-
geistfeld
20359 Hamburg

www.fcstpauli.de

Weltpokalsiegerbesieger

FC ST. PAULI

1910

2002

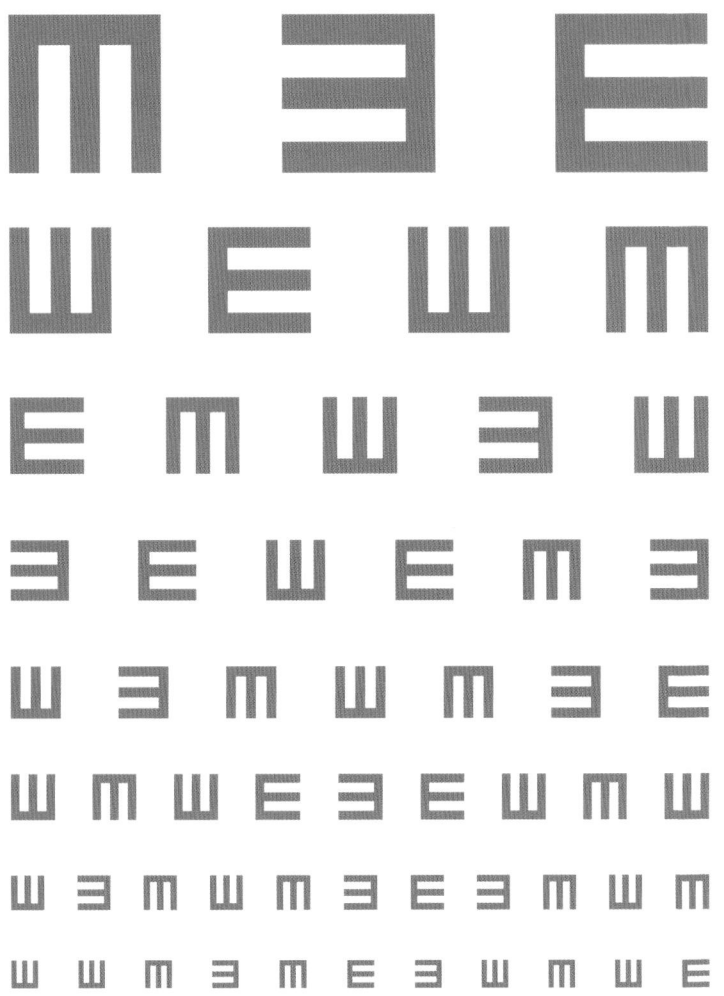

fielmann

Es gab eine Zeit, da waren Brillen entweder eine von der Krankenkasse bezahlte ästhetische Zumutung oder ein teures Accessoire. Das Ende dieser „Kassengestell-Diskriminierung" verbindet sich mit jener Optikerkette, deren Name für die meisten Bundesbürger heute ein Synonym für die Branche ist: Fielmann – Europas größte Optikerkette aus Hamburg. ▶ *Die Zahlen beeindrucken: Jede zweite Brille in Deutschland stammt von Fielmann. Mehr als 16 Millionen Bundesbürger tragen eine Fielmann-Brille.* Angefangen hat der Augenoptikermeister Günther Fielmann 1972 als Selbständiger in Cuxhaven. Von Anfang an war er innovativ: So gab er 1977 als erster eine 3-Jahres-Garantie für Brillen. Als Fielmann – mittlerweile in Hamburg angesiedelt – expandierte, kaufte er bei denselben Herstellern, die auch für exklusive Brillenmarken produzierten – nur in größeren Mengen und günstiger. 1981 unterzeichnete er einen Vertrag mit der Krankenkasse AOK. Statt aus acht optisch kaum anspruchsvollen Kassengestellen konnten die Kunden jetzt aus 640 modischen Brillen wählen – auf Rezept. Und Fielmann setzte weiter Maßstäbe: 1983 eröffnete er in Hamburg das größte Optic-Center der Welt. Seit 1984 gibt es die „Geld-zurück-Garantie", zeitgleich startete die „Keinen-Pfennig-dazubezahlt"-TV-Werbekampagne. Heute ist Fielmann mit mehr als 530 Filialen Marktführer in Deutschland und Europa. Die Marke besitzt einen Bekanntheitsgrad von 90 Prozent.

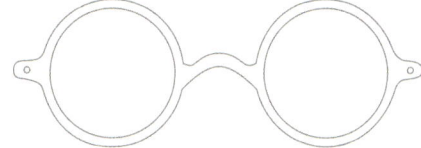

Fielmann AG
Weidestraße 118a
22083 Hamburg

www.fielmann.com

freenet.de

„Normal ist das nicht!" Das Unternehmensmotto darf man durchaus wörtlich nehmen: „Normal" ist wirklich nicht viel beim Internet- und Telefonanbieter freenet.de. Das fängt schon bei der knallgrünen Farbe des Papageien-Pärchen „Freed" und „Freeda" an, das TV-Zuschauern in Deutschland auf lockere Art und Weise die Vorzüge eines schnellen Breitband-Internet-Anschlusses erklärt. ▶ *Überhaupt gibt sich freenet.de seit seiner Gründung 1999 in Hamburg ein ungewöhnlich freches Image – und dieser Stil steht auch für die ungewöhnliche Erfolgsgeschichte von freenet.de.* So wurde der Internetriese AOL in kurzer Zeit vom Platz zwei in Deutschland verdrängt. Außerdem wurde freenet.de von der Beratungsgesellschaft Deloitte 2004 zum erfolgreichsten und am schnellsten wachsenden Technologieunternehmen in Deutschland gekürt. Doch die mittlerweile mehr als neun Millionen Kunden interessieren sich vor allem für die Produkte, die mit der Marke freenet.de verbunden sind – und mit denen sich der innovative Anbieter immer wieder einen Vorsprung vor der Konkurrenz erarbeitet: Ein Beispiel ist die Software iPhone, mit der DSL-Kunden untereinander kostenlos telefonieren können und Gespräche ins Festnetz nur einen Cent pro Minute kosten. Auch das Zusammenwachsen von Internet, Festnetz und Mobilfunk wird von freenet.de nach der Fusion mit der Muttergesellschaft mobilcom kräftig vorangetrieben.

freenet.de AG
Deelbögenkamp 4c
22297 Hamburg
www.freenet.de

Fürst Bismarck Quelle

Seit 100 Jahren wird aus der Fürst Bismarck Quelle in Aumühle mitten im Sachsenwald das Premium-Mineralwasser mit dem berühmten Namen gewonnen. Otto Fürst von Bismarck erhielt den vor den Toren Hamburgs gelegenen Wald 1871 als Geschenk von Kaiser Wilhelm I. ▶ *1906 entdeckte der „eiserne Kanzler" dort bei einem Spaziergang die Quelle und gab ihr später seinen Namen. Heute zählt die Fürst Bismarck Quelle zu den modernsten Brunnen der Welt.* Rein und unverfälscht wird das Mineralwasser aus Quellen in über 120 Meter Tiefe direkt in Glas- oder moderne PET-Flaschen abgefüllt. Der Klassiker des Sortiments ist das natürliche Mineralwasser Fürst Bismarck Premium mit viel, wenig und ohne Kohlensäure. Darüber hinaus dient das Mineralwasser aus der Fürst Bismarck Quelle als Basis für Erfrischungsgetränke. Etwa bei Fürst Bismarck Lemon oder der fruchtigen Fürst Bismarck Apfelschorle. Die Fürst Bismarck Quelle hat zudem als einer der ersten deutschen Mineralbrunnen Wellnessgetränke entwickelt.

Nestlé Waters
Deutschland AG
W.-T.-Römheldstr. 22
55130 Mainz

www.fbq.de

Serie 11, Bild 1.

GARTMANN'S Chocolade

Serie 11, Bild 2.

GARTMANN'S Chocolade

Serie 11, Bild 3.

GARTMANN'S Chocolade

Gartmann's – Bilder.

Gartmann-Kringel

Rote und weiße Zuckerperlen auf feinster Zartbitter-
schokolade: Die Tannenbaumkränze von Gartmann
gehören seit mehr als 100 Jahren zum Weihnachts-
fest. In Hamburg sowieso, aber seit Generationen
auch im gesamten norddeutschen Raum. Die „Gart-
mann-Kringel" wurden um 1900 von Christian Heinrich Louis Gartmann erfunden. Sein Großvater Esajas
Gartmann, ein gebürtiger Schweizer, war um 1800
nach Hamburg gekommen, um über den Hafen in die
Neue Welt auszuwandern. Doch er heiratete und eröffnete 1810 im damals noch dänischen Altona eine
Schweizer Konditorei. Sohn Hannes Philipp Hermann
baute die Firma Mitte des Jahrhunderts zu einer
„Chokolade-Fabrik" aus. Der Erfolg blieb nicht aus,
zumal Gartmann schon in den 1860er Jahren Dampf-
maschinen für die Produktion einsetzte. Und auch
beim Verkauf bewies das Familienunternehmen
Kreativität: ▶ *Ab 1880 wurden Schokoladen-Automa-
ten aufgestellt – ein Novum in der damaligen Zeit. Für
10 Pfennige gab es eine Schoko-Rolle. Ein Gartmann-
Sammelbildchen gab es gratis dazu.* Landschafts-,
Gebäude- und Märchenmotive waren besonders beliebt, und auf der Rückseite gab es einen passenden,
oft lustigen Vers dazu. Die emaillierten Automaten
standen auf gußeisernen Sockeln
oder hingen an der Wand.
Außerdem gab es bis 1940
die Gartmann-„Kugel-
schleuder", ein Glücks-
spielautomat. In Kneipen
konnte man damit Schoko-
lade gewinnen. Heute wird
die Firma C.H.L. Gartmann in
sechster Generation geführt.

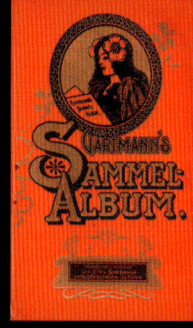

C.H.L. Gartmann GmbH
Brabandstraße 13
22297 Hamburg

www.gartmann-
schokolade.de

Hamburg-Chip

Millionen Menschen auf der Welt besitzen – ohne es zu wissen – ein winziges Bild mit dem Wappen der Stadt Hamburg. Es befindet sich unsichtbar in Autoschlüsseln, Handykarten oder Decodern für das Bezahlfernsehen. Aufgedampft auf Computerchips, die in den Geräten stecken und uns das Leben erleichtern sollen. ▶ *Entwickelt und produziert wird die Hochleistungstechnik für elektronische Wegfahrsperren, aufladbare Geldkarten oder die Identifikation von Handys vom Elektronikriesen Philips in Hamburg, dem Weltmarktführer bei Identifikationschips.* Hier in Hamburg, dem Hauptsitz der Philips Semiconductors GmbH, werden auch die Chips produziert, die weltweit in den kontaktlosen SmartCards („Mifare") Verwendung finden. Millionen Koreaner und Chinesen aber auch Fahrgäste in London nutzen die Technik bereits und schieben ihr Ticket beim Bus- und U-Bahnfahren nicht mehr in Automaten-Schlitze, sondern halten sie nur kurz vor ein Lesegerät. Die Technik kommt auch nach Deutschland: Ein Feldversuch im Rhein-Main-Verkehrsverbund läuft bereits. Auch bei der Zugangskontrolle für Sportveranstaltungen kommt die Technik zum Einsatz, etwa bei der FIFA Fußball-WM 2006™ in Deutschland. Übrigens: In Hamburg schreiben Philips-Ingenieure schon seit mehr als 50 Jahren mit bahnbrechenden Innovationen Mikroelektronik-Geschichte. Bereits 1953 nahm das Unternehmen die Halbleiter-Produktion in der Valvo-Radio-röhrenfabrik auf. Heute beschäftigt Philips rund 2.300 Mitarbeiter an den Standorten Hamburg-Lokstedt und Hamburg-Hausbruch.

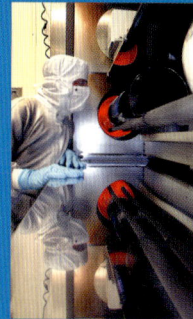

Philips Semi-
conductors GmbH
Stresemannallee 101
22529 Hamburg

www.philips.de/
semiconductors

Hamburger ✦ Abendblatt

UNABHÄNGIG / ÜBERPARTEILICH

www.abendblatt.de

Dienstag, 8. November 2005

Ihr Abo...
Tel. 33 3

HARRY UND DIE LIEBE
Die Weltpremiere des neuen Potter-Films S. 30

BÄCKEREIEN SPAREN
Mit 1431 Euro brutto Spitzenverdienerin S. 19

DER NEUE US-BOTSCHAFTER
William R. Timken: Was ich von Angela Merkel erwarte S. 3

Union und SPD über Rente mit

BERLIN – Endspurt für eine große Union und SPD haben gestern einen tag der Verhandlungen abgestern einigten sich auf eine Anhebung des Renteneintrittsalt... 2030 von 65 auf 67 Jahre. au...

Heute in Hamburg: Gigant der Lüfte trifft Königin der Meere

14 Uhr – erstmals landet heute ein A380, größter Passagierjet der Welt, auf dem Finkenwerder Werkflugplatz

von Airbus. Erwartet wird die Crew von Flugkapitän Wolfgang Absmeier von Mitarbeitern und Ehrengästen. Die Fei-

er soll knapp eine Stunde dauern, gleich danach starten weitere Tests. Schon morgen beginnt die Innenausrüstung.

19 Uhr – der zweite Riese trifft in Hamburg ein, die „Queen Mary 2", weltgrößtes Kreuzfahrtschiff. Auch die

„Königin" kommt nicht zum Vergnügen. Nach dem Drehen auf der Elbe wird sie ins Trockendock von Blohm + Voss ge-

schleppt. Dort bekommt sie einen neuen Anstrich, und die Maschinen werden überholt.

S. 14 u. 15

FOTOS: DPA/SCHWARTZ

Hamburg: Wieder verwahrloste Kinder entdeckt

Christian Denso
Hamburg

Schon wieder hat die Polizei in Hamburg stark verwahrlosigte Kinder entdeckt. Nach Angaben einer Sprecherin von gestern, waren Beamte am vergangenen Freitag bei einer Überprüfung auf eine verwahrloste Wohnung auf der Veddel gestoßen. Drei der insgesamt sieben in der Wohnung lebenden Kinder einer 42jährigen wurden in die Obhut gebracht. Das Amt für Soziale Dienste stufte die Wohnung als unbewohnbar ein. Die Familie soll den Behörden bereits seit längerem bekannt sein.

In Einsbüttel entdeckte die Polizei am Sonntag in einer vollkommen vermüllten Wohnung einen erst 13 Monate alten Jungen. Die 31 Jahre alte Mutter hatte den Beamten zuvor den Zutritt verwehrt. Die Polizei alarmierte den Kinder- und Jugendnotdienst, der das Kind in die Obhut der Großmutter gab.

Erst vor wenigen Tagen war, wie berichtet, ein Fall aus Wilhelmsburg bekanntgeworden, wo Polizeibeamte zufällig in ei-

ner Dachgeschoßwohnung zwei zwei und fünf Jahre alte Kinder befreit hatten. Sozialsenatorin Birgit Schnieber-Jastram (CDU) sagte, in diesem Fall habe es in den Akten über die Familie keine Hinweise auf mehr Aufmerksamkeit zu schenken. „Wir können nur handeln, wenn wir Hinweise bekommen." Von Januar an werde es eine Hotline geben.

Bereits vor dem Bekanntwerden der neuen Fälle kündigte Schnieber-Jastram in einem Abendblatt-Gespräch an, zu prüfen, inwieweit es möglich sei, das Sorgerecht von öffentlichen überforderten Eltern für ihre Kinder zu verändern. „Ich kann mir gut vorstellen, für ein verantwortungsloses Verhalten der Eltern das Sorgerecht eine Bundesratsinitiative zu starten." Die Senatorin plant zudem ein regelmäßig tagendes Experten-Gremium. „Ich überlege, ob wir nicht so etwas brauchen wie eine Kinder- und Jugendkonferenz, die sich mit diesem Bereich wirklich intensiv beschäftigt."

Bericht und Interview S. 13
Kommentar S. 2

JUGENDKRAWALLE · ERSTES TODESOPFER

Paris plant Anwendung von Notstandsgesetzen

Politiker warnen vor Übergreifen der Gewalt auf Deutschland. Brände in Bremen und Berlin.

Paris/Berlin/Bremen
HA

Die Welt blickt mit Sorge nach Frankreich. Die schlimmsten Unruhen seit mehr als einem Jahrzehnt haben sich auf rund 300 Städte ausgebreitet und ein erstes Todesopfer gefordert. Ein 61jähriger Mann, der von Randalierern zusammengeschlagen worden war, erlag in einem Pariser Vorort seinen schweren Verletzungen.

Die Regierung in Frankreich jetzt die Anwendung von Notstandsgesetzen aus der Zeit des Algerien-Kriegs. Damit können die Präfekten in den betroffenen Gebieten u. a. Ausgangssperren verhängen. Zugleich

werden nach Premierminister Dominique de Villepins Angaben die Polizeikräfte um nochmals 1500 auf 9500 Mann verstärkt. Einen Militäreinsatz schloß Villepin vorerst aus.

In Frankreich haben die Jugendkrawalle vor allem in Pariser Vorstädten seit elf Tagen an. Mit 1400 in Brand gesteckten Fahrzeugen und 395 Festnahmen erreichten sie einen Höhepunkt. 41 Sicherheitskräfte erlitten Verletzungen, erstmals wurden zwei Beamte von Schüssen getroffen.

Jetzt schlägt auch die deutsche Polizei Alarm: In Berlin setzten Unbekannte Autos in Brand; zuvor waren in Bremen Fahrzeuge und ein ehemaliges Schulgebäude in Flammen aufgegangen. Deutsche Sicherheitskräfte und Politiker reagierten alarmiert, daß Nachahmungstäter hinter den Anschlägen stecken. „Wir vermuten, daß es Trittbrettfahrer sind, die die Pariser Ereignisse zum Anlaß nehmen, derartiges zu tun", sagte der Berlins Innensenator Ehrhart Körting. Ein Szenario wie in Frankreich könne er sich aber nicht vorstellen.

Der designierte Innenminister Wolfgang Schäuble (CDU) forderte allerdings in der „Bild"-Zeitung, in Deutschland müsse „die Integration, insbesondere der jungen Leute", verbessert werden. Bayerns Innenminister Günther Beckstein (CSU) sieht Deutschland „nicht gefeit" vor Krawallen wie in Frankreich. Der rheinland-pfälzische Ministerpräsident und SPD-Vize Kurt Beck sagte: „Wir müssen sehr aufpassen, daß wir nicht Ansammlungen von Jugendlichen haben, die keine Chance im Leben sehen." Die Polizeigewerkschaften warnten vor einer zunehmenden Jugendgewalt und einem möglichen Übergreifen der Ausschreitungen. Das Auswärtige Amt mahnte zu erhöhter Vorsicht bei Frankreich-Reisen.

Hinweise auf die Brandstifter gab es weder in Berlin noch in Bremen. In Bremen erklärte man die in den betroffenen Viertel habe es in jüngster Zeit häufiger Probleme mit jugendlichen Gruppen gegeben.

Berichte und Analyse auf Prof.
Scholl-Latour S. 4, Kommentar S. 2

HSV-Fans informieren sich im Abendblatt

HAMBURG – Der Siegeszug von Trainer Thomas Doll und die Traumform der HSV-Mannschaft zahlt sich aus: In einer repräsentativen Umfrage von „Sport und Markt" erreichte der Hamburger SV mit 63 Prozent im Großraum Hamburg einen neuen Sympathie-Höchstwert.

Bei der Gruppe der Fußballinteressierten sieht die Zustimmung sogar auf 75 Prozent.

Für knapp die Hälfte aller Einwohner in und um Hamburg ist der HSV inzwischen der Lieblingsverein.

Die Umfrage ergab auch, daß das Hamburger Abendblatt mit 44 Prozent der meistgelesene Printtitel zum Thema HSV ist. Danach folgen die „Bild"-Zeitung (41), die „Hamburger Morgenpost" (17) und Sport-„Bild" (11 Prozent). S. 27

FINANZBAROMETER

DAX **+0,58 %**	
Der DAX (17.30 Uhr)	De
stieg gestern auf	1,0
5024,20 Punkte. Der	Di
L-DAX (20 Uhr) schloß	bei
mit 5033,42 Zählern.	1,1

Das Wetter

Teils sonnig, teilweise ken, um 13 Gr lung auf 6 Gr

☀☁

HEUT

Impressum .... Seite 4/12	R
Theaterplan .... Seite 4/12	Ta
Roman .... Seite 15	Fa
Horoskop .... Seite 15	Wi
Dialog .... Seite 16	W

Nummer 261
45. Woche / 58. Jahrgang
Dänemark 9,00 der / C 3260

4 190339 000805

Mädchen werde Schulnoten bev

DORTMUND – Jungen in der schulklasse erhalten bei glei Deutsch und Sachkunde oft al als Mädchen. Das geht aus i im Grundschul-Lese-Unters hervor.

Fleischskandal: Proben verdorb

CLOPPENBURG – Sieben von geifleisch, das bei der Firma Lastrup beschlagnahmt wurde zeigten Laboruntersuch

HafenCity präse Hamburgs Fors

HAMBURG – Das in der Hafe Science Center soll vor allen schaffen und die Hamburger sentieren – das geht aus er Konzeption hervor. Die Kultu unterdessen weitere unter Der geschaftsfraktion fordert we fung von anderen Möglichke im Umzug des Planetariums...

Hamburger Abendblatt

1948, drei Jahre nach dem Ende des Zweiten Weltkriegs, wagt sich der junge Verleger Axel Springer mit dem Hamburger Abendblatt auf den Zeitungsmarkt. „Seid nett zueinander" lautet die Botschaft, mit der er in der Hansestadt gegen vier Parteizeitungen antritt. „Unabhängig – überparteilich", steht unter dem Stadtsiegel auf der Titelseite. Und der Wahlspruch des Schriftstellers Gorch Fock: ▶ *„Mit der Heimat im Herzen die Welt umfassen". Die erste Ausgabe erscheint am 14. Oktober 1948: acht Seiten zu je 20 Pfennig.* 60.000 Exemplare sind schnell verkauft. Die Redaktion sitzt in einem Hinterhaus der Volksfürsorge an der Alster. Schreibmaschinen sind Mangelware, Bleistifte werden bis zum Stummel aufgebraucht. Dennoch: Springers Konzept, eine unabhängige Zeitung für alle zu machen, geht auf. „Wie geht es eigentlich Ihrem Abendblatt?", fragt ihn ein Hamburger Kaufmann kurz nach dem Start. „Ich lese es zwar nicht, aber meine Frau und meine Töchter schwören darauf". Springers Antwort ist Legende: „Genau darauf kommt es mir an." Drei Monate nach dem Start war die Auflage verdoppelt. 1953 zählte man schon über 260.000 Abonnenten. Eine Erfolgsgeschichte nimmt ihren Lauf. Das Abendblatt – Markenfarbe grün – organisiert Seifenkistenrennen, hilft Bedürftigen („Kinder helfen Kindern"), gewinnt Preise für die Gestaltung. Heute sind es täglich mehr als 700.000 Leser, die „ihrer" Zeitung vertrauen. Weil sie den Menschen in den Mittelpunkt stellt. Weil sie unabhängig ist. Und weil sie „mit der Heimat im Herzen die Welt umfasst".

Hamburger Abendblatt
Axel Springer AG
Axel-Springer-Platz 1
20350 Hamburg

www.abendblatt.de

Architektur

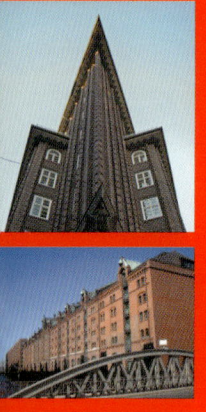

▶ *Chilehaus* Es weckt Assoziationen mit einem Ozeanriesen. Das 1924 aus 4,8 Millionen Backsteinen fertiggestellte Kontorhaus und UNESCO-Weltkulturerbe stammt vom Architekten Fritz Höger.

▶ *Speicherstadt* Für den Bau der 1,5 Kilometer langen Speicherstadt wurden mehr als 20.000 Menschen umgesiedelt. Die Backstein-Fassaden wurden 1885–1888 im neugotischen Stil errichtet.

▶ *Rathaus* Das Hamburger Rathaus (Architekt: Martin Haller) wurde 1886–1897 errichtet. Das 111 Meter breite und 112 Meter hohe Gebäude im Neo-Renaissance-Stil verfügt über 647 Räume.

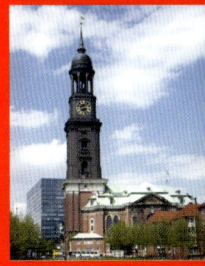

▶ *St. Michaelis Kirche* Der „Michel" ist das Wahrzeichen der Hansestadt. Die Barockkirche wurde Mitte des 18. Jahrhunderts erbaut. 1906 wurde sie durch Feuer fast völlig zerstört aber wieder aufgebaut.

Architektur

▶ *Köhlbrandbrücke* Die knapp vier Kilometer lange Köhlbrandbrücke, 1974 mit 88 Stahlseilen und 75 Pfeilern konstruiert, verbindet das Gebiet zwischen Norder- und Süderelbe mit der Autobahn 7.

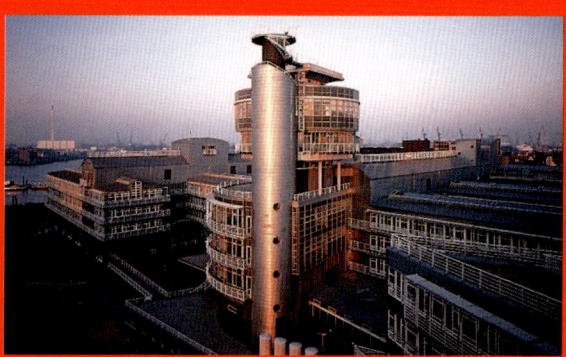

▶ *Gruner + Jahr* 1987–1991 entstand am Hafenrand das Verlagshaus Gruner + Jahr. Der „Überseedampfer für Journalisten" hat Bullaugen-Fenster und ist mit einer „Haut" aus Aluminium überzogen.

▶ *Berliner Bogen* Der 140 Meter breite „Berliner Bogen", 1998–2001 nach Entwürfen vom Hamburger
Architekten Hadi Teherani gebaut, soll das Anein-
andergrenzen von Wasser und Stadt symbolisieren.

▶ *Elbphilharmonie* Mit der 77 Millionen Euro teuren
Elbphilharmonie des Schweizer Architekturbüros
Herzog & de Meuron auf dem Kaispeicher A erhält
Hamburg ein städtebauliches Leuchtturmprojekt.

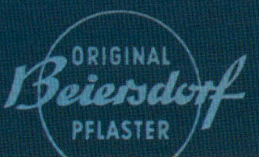

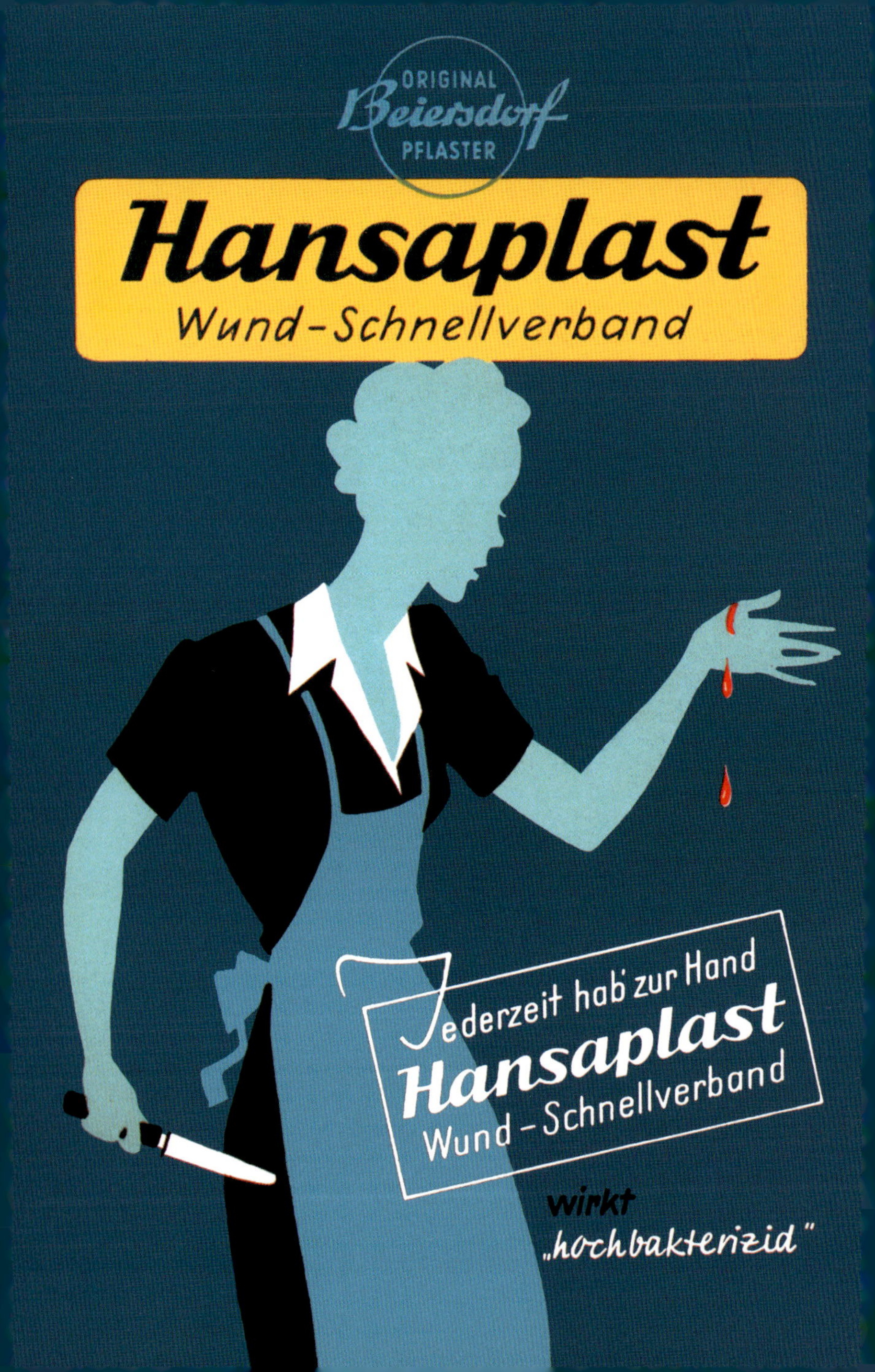
ORIGINAL
Beiersdorf
PFLASTER
Hansaplast
Wund-Schnellverband
Jederzeit hab' zur Hand
Hansaplast
Wund-Schnellverband
wirkt
„hochbakterizid"

Hansaplast®

Es ist gerade einmal 100 Jahre her und doch kann man sie sich heute kaum noch vorstellen: eine Welt ohne Pflaster. Musste damals noch jede Verletzung vom Arzt verbunden werden, bedeutet die Erfindung des Heftpflasters Unabhängigkeit bei leichteren Verletzungen und schnellen, unkomplizierten Schutz vor Infektionen. ▶ *Hansaplast war das erste wirkstofffreie Pflaster zur Wundversorgung und weltweit der erste Pflasterschnellverband, der eine eigenständige Versorgung des Patienten ohne ärztliche Hilfe ermöglichte.* Seit der Markteinführung von Hansaplast 1922 werden die Pflasterprodukte bei Beiersdorf ständig weiterentwickelt. So entstand schon 1932 das elastische Hansaplast, 1953 wurde wasserfestes Hansaplast entwickelt, 1962 eine neuartige Wundauflage entwickelt, die das Verkleben mit der Wunde verhindert und 1963 ein Pflaster extra für Kinder eingeführt. Besonders Kinder sind mannigfaltigen Verletzungsgefahren ausgesetzt, deshalb entwickelte die Beiersdorf AG bald Pflaster mit bunten Aufdrucken. Unter diesen „Trostpflastern" waren die bunten Hansaplast strips mit Dinosauriermotiven oder Comicfiguren von Emil Grünberg auf Hansaplast Junior. Der Name Hansaplast zeigt die Verbundenheit zur Hansestadt

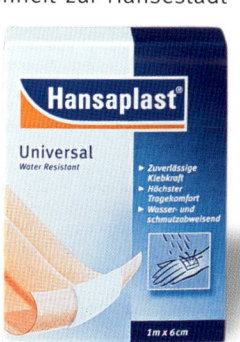

und steht für Solidität, Zuverlässigkeit und Internationalität. Heute werden unter der Dachmarke Hansaplast auch Produkte zur Narbentherapie, zur Vorbeugung und Behandlung von Insektenstichen sowie Ohrenstöpsel gegen Lärm und Gelenkbandagen angeboten.

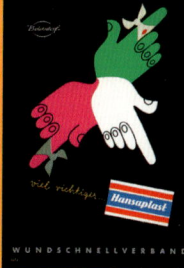

Beiersdorf AG
Unnastraße 48
20245 Hamburg
www.beiersdorf.de

HELBING

HAMBURG

Helbing

Er wird in Spitzenrestaurants an Alster und Elbe serviert, man trinkt ihn zu feierlichen Anlässen, nach einem schmackhaften Essen oder zum Bier – Helbing, Hamburgs feiner Kümmel. Die Traditionsspirituose zählt zu den kulinarischen Spitzenleistungen der Stadt und ist wegen ihrer bekömmlichen Art weit über den norddeutschen Raum hinaus beliebt. Und das schon seit 1836. Damals gründete Johann Peter Heinrich Helbing im heutigen Stadtteil Wandsbek die Brennerei Helbing. ▶ *Die Marke wurde schnell zum Qualitätsbegriff, denn Helbing verwendete ausschließlich feinste Kümmelsamen und reinsten Getreidealkohol der höchsten Qualitätsstufe.* Der Erfolg blieb nicht aus: Ein halbes Jahrhundert später war aus dem Fünf-Mann-Betrieb das größte Spirituosenunternehmen Deutschlands geworden mit Filialen in London und Paris und 400 Beschäftigten. Die Stadt Hamburg hat dem Erfinder seiner ältesten Spirituosenmarke also viel zu verdanken. Deshalb sind Plätze, Straßen und sogar eine Schule nach Heinrich Helbing benannt. Helbing Kümmel ist dabei unverändert Marktführer in Deutschland. Und unverändert wird der edle Klare nach dem alten Geheimrezept hergestellt – wohl behütet von der Hamburger Familie Matthiesen und ihrer Firma Borco-Marken-Import, zu der Helbing seit 1974 gehört.

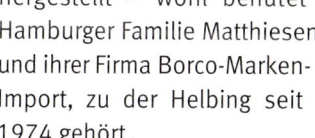

BORCO-MARKEN-IMPORT MATTHIESEN GMBH & CO. KG
Winsbergring 12-22
22525 Hamburg
www.borco.com

BODE Chemie
Gmbh & Co.
Melanchthonstr. 27
20245 Hamburg

Vertrieb:
Beiersdorf, Hamburg

www.hidrofugal.de

Hidrofugal®

Die „goldenen Zwanziger": Deutschland ist im Rausch, tanzt und feiert hemmungslos. Doch Schweißgeruch ist verpönt. Da kommt die Entwicklung des Hamburger Chemikers Dr. Kurt Bode gerade recht: ein Antitranspirant, dessen Name Programm ist. Hidrofugal® – „entfliehender Schweiß." Ein sperriger Name, der medizinische Kompetenz ausstrahlen soll und zunächst nur in Apotheken erhältlich ist. Doch die Wirkung von Hidrofugal® überzeugt: Das Antitranspirant unterbindet übermäßige Schweißbildung. ▶ *Geruchsneutral und hautschonend ist Hidrofugal aufgrund hochwertiger Rohstoffe in einer speziellen Kombination von Wirk- und Pflegestoffen.* Dabei unterscheidet sich Hidrofugal® von einem Deodorant, das lediglich unangenehme Gerüche, verursacht durch Bakterien, übertüncht. Mit der Emanzipation der Frau ging auch die Entwicklung von Hidrofugal® einher – weg vom Boudoir und hinaus in Arbeitswelt und Natur. 1953

hoben Hautärzte die Wirkung von Hidrofugal® gegen Pilzbefall hervor. In den 1980er Jahren wurde Hidrofugal® zu einer Produktfamilie ausgebaut, Zielgruppen und Anwendungen spezifiziert. Die diversifizierte Produktpalette schließt seit 1997 auch eine Pflegeserie ein. Heute umfasst Hidrofugal® eine Familie von 14 Variationen und nimmt mit 21,5 Millionen Euro Umsatz den fünften Platz auf dem deutschen Markt ein. Somit hat sich der Umsatz von Hidrofugal® in den letzten 15 Jahren verdreifacht.

Holsten

Keine andere deutsche Biermarke ist im englisch-sprachigen Ausland so bekannt wie Holsten. Kein Wunder, hat die Hamburger Traditionsbrauerei doch schon 1881 mit dem Bierexport begonnen und 1903 in London eine Niederlassung mit dem Namen „The Holsten Brewery Ltd." errichtet. Überhaupt hat der Bierexport aus Hamburg eine lange Tradition, war der Gerstensaft doch schon zu Zeiten des Freibeuters Klaus Störtebeker eines der wichtigsten Exportgüter der Stadt. Die Marke Holsten, seit 2004 im Besitz der dänischen Carlsberg-Gruppe, der fünftgrößten Brauerei der Welt, ist eines der Aushängeschilder Hamburgs. Und sie ist die stärkste Marke in Hamburg und Schleswig-Holstein. ▶ *Heute verfügt das Stammwerk an der Holstenstraße in Altona über sechs Abfüllanlagen, die jährlich rund um die Uhr mehr als 300 Millionen Liter Bier abfüllen können.* Der Name Holsten geht übrigens auf den germanischen Stamm der Holsten zurück, der einst im heutigen Bundesland Schleswig-

Holstein lebte und als freiheitsliebend, starrköpfig und sehr gastfreundlich galt. Vielleicht hatten die Gründer der Holsten-Brauerei diese Eigenschaft im Sinn, als sie die Aktiengesellschaft 1879 in Altona aus der Taufe hoben. Auch der „Holsten-Ritter" hat eine Vorgeschichte. So zeigt das Wappen eines holsteinischen Grafen einen Ritter auf einem galoppierenden Pferd. Dieses Motiv diente später als Vorbild bei der Gestaltung des Holsten-Firmenemblems. Nicht zufällig engagiert sich die die Holsten-Brauerei daher als Sponsor für das Galopprennen beim Deutschen Derby in Hamburg-Horn.

Holsten-
Brauerei AG
Holstenstr. 224
22765 Hamburg

www.holsten.de

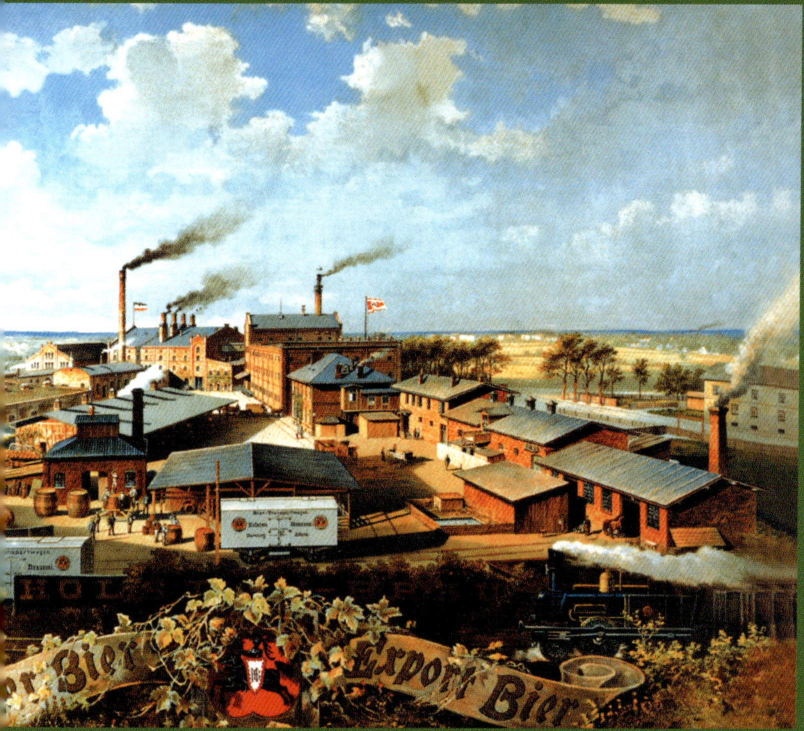
Export Bier

Export-
Holsten-Bier
vom Fass!
Beer from the barrel,
Bière à la pression,
Birra del Fusto,
Cerveza de barril.
Holsten-Brauerei–Altona-Elbe.

HOLSTEN
TIGER

HOLSTEN
Pilsener
PREMIUM

AUF DIE FRAUEN,
DIE UNS NACHHER
ABHOLEN.
HOLSTEN.
AUF UNS, MÄNNER.

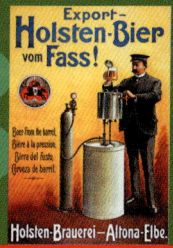

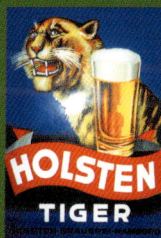

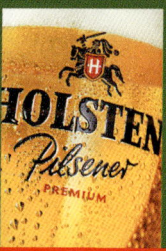

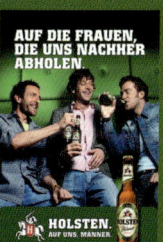

SIEH FERN MIT

HÖR ZU

C

Der
Bildsc
bek
Fa

7 Sonder
zum Sta
Farbferns
Seite

Aufnahme: fotostu

HÖRZU

Mit der Rundfunkzeitschrift HÖRZU, eines der ersten Programm-Magazine Deutschlands, legte der Hamburger Verleger Axel Springer den Grundstein für seinen Unternehmenserfolg. Die erste Ausgabe erschien am 11. Dezember 1946 in einer Auflage von knapp 250.000. Zwölf Seiten kosteten 30 Pfennig. Chefredakteur Eduard Rhein schrieb seinen Lesern: „HÖR ZU! will nicht eine Illustrierte ersetzen, nicht eine Gartenlaube mit Häkelmuster und Rundfunkprogramm sein, nicht mit der Bühne und dem Film kokettieren." Und er fügte prophetisch hinzu: „HÖR ZU! hält den Rundfunk nur für eine Vorstufe des farbigen, plastischen Fernsehrundfunks." Mit Geschichten rund ums Hörfunkprogramm und über Filmstars, dem Bilderrätsel „Original und Fälschung" sowie Romanabdrucken gewann HÖRZU schnell an Popularität. 1950 überschritt die Auflage die Millionenmarke. Ende 1952, zum Start des Fernsehens, druckte die HÖRZU das TV-Programm. ▶ *Das neue Medium sorgt für einen Schub: 1959 sind es drei Millionen Exemplare, die wöchentlich über den Tresen gehen. Ein Jahrzehnt später ist die HÖRZU mit mehr als vier Millionen Stück Europas auflagenstärkste Illustrierte.* Seit 1966 verleiht HÖRZU die „Goldene Kamera", Deutschlands begehrtesten Fernsehpreis. Heute, 60 Jahre nach dem Start, ist HÖRZU als Programmzeitschrift noch immer führend: Mit täglich acht Seiten TV-Übersicht, 16 Seiten Radio, Reportagen, vielen Ratgeber-Geschichten – und natürlich dem beliebten Bilderrätsel.

HÖRZU
Axel Springer AG
Axel-Springer-Platz 1
20350 Hamburg
www.hoerzu.de

HSV

Nur ein deutscher Fußballklub spielte immer in der obersten deutschen Liga und er kommt aus Hamburg – der Hamburger Sport-Verein, kurz: HSV. In seiner Geschichte gab es alles, was die Faszination Fußball ausmacht: grandiose Triumphe und ergreifende Spiele, internationaler Erfolg und Meisterschaftsschalen, Idole und Emotionen. ▶ *Die Väter eines der berühmtesten Sportvereine Deutschlands waren Hamburger Gymnasiasten: Am 29. September 1887 wurde der „Sport-Club Germania von 1887", einen der drei Stammvereine des HSV, gegründet. 1919 vereinigte sich SC Germania mit dem Hamburger FC und dem FC Falke zum Hamburger Sport-Verein – und der Siegeszug begann.* Zunächst am Rothenbaum und später im Volksparkstadion feierten Tausende von Fans Fußballlegenden wie Uwe Seeler, Charly Dörfel, Kevin Keegan, Franz Beckenbauer, Felix Magath. Die Trophäen des Traditionsvereins, im eigenen Museum sorgfältig aufbewahrt, dokumentieren die bewegte Vereinsgeschichte: Deutsche Meisterschaften, nationale und europäische Pokalsiege. Die treue HSV-Fangemeinde umfasst zahlreiche Fan-Clubs in ganz Deutschland und sogar außerhalb des Landes. Die Zeiten vergehen, nun steht eine ganz junge Mannschaft mit dem Trainer Thomas Doll auf dem Spielfeld. Das modernisierte Stadion – die AOL Arena – bricht alle Besucherrekorde: Bis zu 55.000 Fußball-

begeisterte fiebern mit ihrer „Elf" bei den Heimspielen. Die Stadt an der Elbe ist wieder im HSV-Rausch und die Raute setzt ihren Siegesmarsch fort.

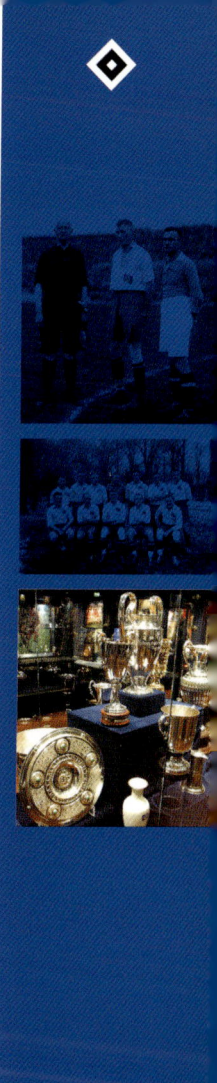

Hamburger Sport-Verein e.V.
Sylvesterallee 7
22525 Hamburg
www.hsv.de

IDEE Kaffee

Er gehört unbestritten zu den Klassikern in deutschen Küchenregalen: der „berühmte magenfreundliche" unter den Kaffees. Generationen von Kaffee-Trinkern vertrauen darauf, dass er sie nicht nur aromatisch mit auf die Reise in jene exotischen Gefilde nimmt, deren Landkarten die Verpackungen zieren, sondern ihnen vor allem auch einen unbeschwerten Genuss bereitet. Und stets war auch „Darbohne", das lustige, kaffeebohnenleibige Maskottchen, dabei.

Die Geschichte hinter dem Produkt IDEE Kaffee liest sich wie eine hanseatische Familiensaga: ▶ *Am Anfang stand der Hamburger Kaufmann Johann Joachim Darboven.* Dieser begründete 1866 das bis heute im Familienbesitz befindliche Unternehmen und führte gleich zu Beginn eine Neuerung ein, für die ihm damals viele dankbar gewesen sein dürften: Wurden die Kaffeebohnen bis dahin von den Konsumenten selber, meist in der Bratpfanne, geröstet, so konnte man nun erstmals Packungen mit bereits geröstetem Bohnen kaufen. Die namensgebende „IDEE" mit dem magenfreundlichen Kaffee entstand 1927. Dazu entwickelte man ein Verfahren, bei

dem die Bohnen vor dem Rösten mit Wasserdampf und Druck so behandelt werden, dass die Reizstoffe, die beim Rösten auftreten, reduziert werden, das belebende Koffein aber erhalten bleibt – ein Patent, von dem sich die Familie Darboven trotz vieler lukrativer Angebote bis heute nicht getrennt hat.

J. J. Darboven
GmbH & Co. KG
Pinkertweg 13
22113 Hamburg
www.darboven.com

iglo

Aus den kanadischen Wäldern brachte der amerikanische Pelzhändler Clarence Birdseye 1912 die Idee mit: Gefrorener Fisch schmeckt nach dem Auftauen wie frisch gefangener. Nachdem Rudolf Plank bereits 1915 die theoretischen Grundlagen für das Lebensmittelgefrierverfahren entwickelt und Carl Linde die Kältemaschine erfunden hatte, setzte sich Tiefkühlkost auch in Europa durch. Solo Feinfrost, ein Unternehmen des Lebensmittelriesen Unilever, handelte bereits 1939 in Deutschland mit gefrorenen Lebensmitteln, damals noch limitiert durch die begrenzte Zahl an Kühltruhen. Die Marke iglo steht seit 1961 für hochwertige Tiefkühlkost, die seitdem einen Boom erlebt, weil sie Genuss und Convenience verbindet.

▶ *Der Markenname erinnert an das aus Schnee gebaute Haus der Inuit. Die bekanntesten iglo-Produkte sind sicher der traditionelle Rahmspinat und die 1959 auf den Markt gebrachten Fischstäbchen, die vor allem bei Kindern beliebt sind.* Heute gibt es fast kein Gemüse- oder Fischprodukt, das nicht als Tiefkühlware von iglo vertrieben würde. Die Zentrale des Unternehmens ist auch heute noch in Hamburg; produziert wird in Bremerhaven und Reken. Das bekannte iglo-Logo mit der Gabel wurde nach über 40 Jahren durch ein neues Logo in modernem Design ersetzt, das Natürlichkeit und Wärme symbolisiert.

Unilever
Deutschland Gmbh
Ice Cream and
Frozen Food
Dammtorwall 15
20355 Hamburg

www.iglo.de

Spezialitäten

▶ *Labskaus* Verwundert verdrehen Touristen die Augen, ob der traditionellen Hamburger Speise: dem Labskaus. Name wie Aussehen verursachen eher Unverständnis, das nach dem Genuß dieser seit Anfang des 18. Jahrhunderts nachgewiesenen Spezialität schnell vergeht. Ursprünglich aus pragmatischen Überlegungen entstanden, ist Labskaus heute kaum noch von norddeutschen Speisekarten wegzudenken. Die „Speise für derbe Männer" wie das englische „lobs-cou(r)se" gern übersetzt wird, verweist auf den Ursprung des Gerichts: Seefahrer und Matrosen erhielten Labskaus auf großen Schiffen,

ursprünglich aus langhaltbarem Pökelfleisch, Kartoffeln und Zwiebeln bestehend: und nahrhaft. Den Fisch dazu gab es direkt aus der See. Rote Beete und das Spiegelei oben drauf ist erst eine Verfeinerung späterer Zeiten. Mittlerweile gibt es fertigen Labskaus in Dosen zu kaufen und Restaurants werben mit dem Seemannsbrei als Spezialität.

▶ *Bismarckhering* „Wenn Heringe genau so teuer wären wie Kaviar, würden ihn die Leute weitaus mehr schätzen", soll der deutsche Reichskanzler Otto von

Bismarck gesagt haben, bevor er einen eingelegten Hering genussvoll zu sich nahm. Der Bismarckhering ist ein Heringsfilet eingelegt in saurer Marinade aus Essig, Speiseöl, Zwiebeln, Senfkörnern und Lorbeerblättern. Damit war Anfang des 19. Jahrhunderts eine völlig neue Rezeptur gefunden worden, den Hering haltbar zu machen und dies gleichzeitig auf eine wohlschmeckende Weise.

Wie der Bismarckhering seinen Namen erhielt, bleibt hingegen umstritten. Der Stralsunder Fischkonservenfabrikant Johann Wiechmann schickte seine nach eigenem Rezept eingelegten Heringe dem Reichskanzler, der ihm nach Verspeisen das Vermarktungsprivileg für „Bismarck-Heringe" zuerkannte. Auch ein Wirt aus Flensburg kommt für die Namensfindung in Betracht.

Spezialitäten

▶ *Franzbrötchen* Es duftet nach Zimt und Zucker und schmeckt auch so: das Franzbrötchen. Seit Anfang des 19. Jahrhunderts ist es als Hamburger Gebäckspezialität bekannt. Anfangs noch aus besonders feinem Weißmehl zu einer Art Baguette gebacken, wurde es kurz nach der „Franzosenzeit" (1806–1813/14) in einer Hamburger Bäckerei in der Pfanne mit Fett „veredelt". Heute – 200 Jahre nach der Besetzung der Elbmetropole durch französische Truppen unter dem Oberbefehl Kaiser Napoleons – werden Franzbrötchen aus einem Hefe-Plunderteig mit reichlich Butter und Zimt gebacken. Der Franzbrötchen-Teig wird dafür zu

einer charakteristischen Spirale geformt, bevor er in den Backofen kommt. Franzbrötchen gibt es offenbar nur im Hamburger Raum. Das jedenfalls berichten Liebhaber der Hamburger Delikatesse. Mittlerweile hat man dem Franzbrötchen sogar eine Internetseite gewidmet. Die Adresse: www.franzbroetchen.de.

▶ *Hamburger Speck* So wie das Baguette in Paris und die Poffertjes in Amsterdam haben auch die Hamburger seit vielen Generationen ein kulinarisches Wahrzeichen: den „Hamburger Speck". Warum

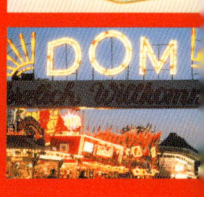

die süßen, weichen Fruchtgelee-Würfel so heißen? Weil sie die Hamburger Landesfarben in der Variante rot-weiß-rot zeigen und damit an durchwachsenen Speck erinnern. In einer anderen Farbvariante – rot-weiß-grün – kommt die Süßigkeit auch als „Helgoländer Speck" daher. Dass Hamburger Speck von manchen dabei verächtlich auch als „Marshmellow des Nordens" bezeichnet wird, hält weder Einheimische noch Touristen davon ab, die Leckerbissen zu vernaschen. Am liebsten natürlich auf dem berühmten Volksfest der Hansestadt, dem Hamburger „Dom". Abgepackt gibt es die beliebte Schaumzuckerware auch im Feinkostgeschäft oder in der Süßwarenabteilung zu kaufen, etwa von Traditionsherstellern wie Lühders oder Bierbaum.

Jil Sander

Exklusive Mode kommt nicht nur aus Mailand, London oder Paris. Auch Hamburg spielt mit der Marke Jil Sander seit mehr als einem Viertel Jahrhundert eine führende Rolle in der Branche. Es ist dabei kein Zufall, dass der Beitrag der „kühlen Hanseaten" zur jüngeren Modegeschichte die nüchterne, minimalistische und doch elegante Linie des Hauses Jil Sander ist. Rückblick: ▶ *Die Hamburger Designerin Heidemarie Jiline Sander, die 1967 eine Boutique in Hamburg-Pöseldorf betreibt, bringt 1973 ihre erste Damenkollektion heraus.* Mitte der 1970er Jahre feiert sie ihre ersten Erfolge. Anfang der 1980er Jahre gelingt ihr der Durchbruch. Es ist eine Zeit, in der man die Stilblüten des vergangenen Jahrzehnts so weit wie möglich hinter sich lassen möchte, in der erstmals Frauen in Führungspositionen aufsteigen und dabei Kleidung tragen, die sowohl edel als auch sachlich, eben „businesslike" wirkt. Jil Sander, die bereits in den 1960er Jahren selbst lieber Hosen statt Röcke trug, ist dazu prädestiniert, dieses neue Marktsegment zu besetzen. Genau das geschieht auch: Die „Queen of less", die „kühle Blonde" wird in dieser Zeit sogar persönlich zur Stilikone der ersten Generation von Karrierefrauen – den „Sander-Frauen". Mittlerweile hat sich die Gründerin zwar zurückgezogen; der italienische Modekonzern Prada führt Regie. Die Grundlinie des Hauses Sander blieb: schlicht, sportlich und elegant.

JIL SANDER AG
Osterfeldstr. 32-34
22529 Hamburg

www.jilsander.com

Kemm'sche Kuchen

Für viele in Norddeutschland gehören die Echten Kemmsch'en Kuchen zum Frühstück – auf ein Rundstück, wie die Hamburger ihr Brötchen nennen, oder einfach als purer Genuß. Die braunen, würzigen Kekse – traditionell als „Kuchen" bezeichnet – haben dabei eine bald 225 jährige Tradition: ▶ *Von Generation zu Generation wurde das Rezept in der Familie der zunächst in Altona als Bäcker und Konditoren ansässigen Familie Kemm weitergegeben. Schließlich waren die braunen Kuchen so erfolgreich, dass 1903 auf der grünen Wiese in Lokstedt die „Kemm'sche Kuchenfabrik" entstand.* Das Rezept der Kemm'schen Kuchen gibt es seit 1782 und erfreut sich nicht nur in Hamburg großer Beliebtheit. In jedem „Kuchen" ist der Namenszug des Erfinders eingeprägt – „J.G.Kemm" – und die typische blaue Verpackung leuchtet in den Regalen der Supermärkte und Feinkosthändler. Mittlerweile gibt es die „Kemm'schen Kuchen" auch als Minis. Um die „Kuchen" möglichst frisch zu halten und den knackigen Biß zu ermöglichen, sollte das Traditionsgebäck aus Hamburg immer trocken gelagert werden. Jüngst brachte Kemm dazu Nostalgiedosen auf den Markt. 1994, also nach über 200 Jahren im Familienbesitz, übernahm das 1863 gegründete Krefelder Unternehmen Wilhelm Gruyters Markenrechte und Rezepturen der Firma Kemm. Seitdem werden die Kemm'schen Kuchen von Krefeld aus produziert und in viele Länder der Welt verschickt – was der Hanseatischen Tradition keinen Abbruch tut.

„KEMM" Vertrieb
von Dauerbackwaren
und Süßwaren GmbH
Tannenstraße 110
47798 Krefeld

www.kemm-vertrieb.de

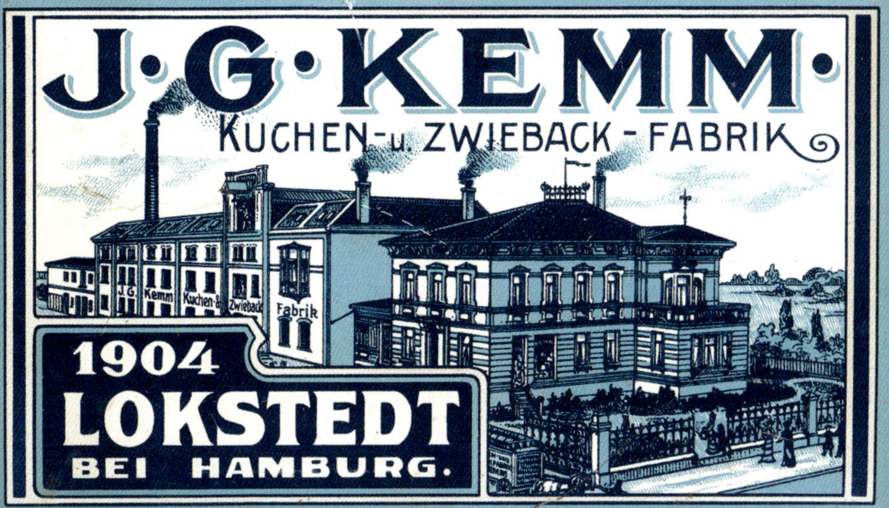
J·G·KEMM·
KUCHEN-u. ZWIEBACK-FABRIK
J.G. Kemm Kuchen-u. Zwieback Fabrik
1904
LOKSTEDT
BEI HAMBURG.

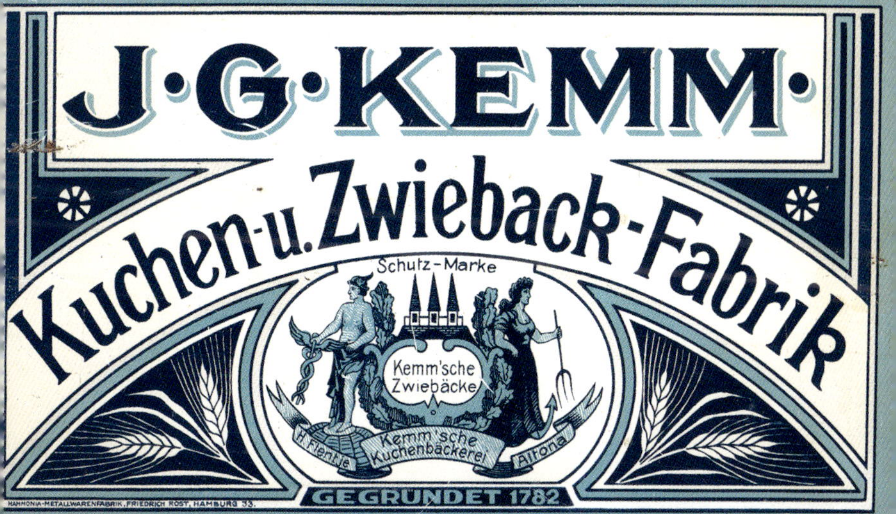
J·G·KEMM·
Kuchen-u. Zwieback-Fabrik
Schutz-Marke
Kemm'sche Zwiebäcke
H. Flentje
Kemm'sche Kuchenbäckerei
Altona
GEGRÜNDET 1782
HAMMONIA-METALLWARENFABRIK, FRIEDRICH ROST, HAMBURG 33.

Kühne

Kühne gehört zu den Top-Ten-Lebensmittelmarken Deutschlands – und ist dabei das älteste der junggebliebenen Markenprodukte. Alles begann 1722 in Berlin mit Essig. 1876 wurde Carl Kühne mit seinem Qualitätsprodukt zum königlichen Hoflieferanten ernannt. Und der Kräuter-Essig Surol wurde schlicht zum Synonym für Essig. Nach der Zerstörung der Berliner Zentrale im Krieg wurde Hamburg 1945 zum Hauptsitz der Firma. Eines der Markenzeichen von Kühne ist die Produktvielfalt: 1900 wurden Senf und Mayonnaise auf den Markt gebracht, drei Jahre später die ersten Sauerkonserven, vor allem Gurken. 1957 ergänzten Rotkohl und 1973 die Salatfix-Dressings das Sortiment. Kühne setzte damit als erster Markenartikelhersteller auf den Convenience-Trend und wurde so zum Vorreiter vieler Produktinnovationen.

▶ *Die Marke mit dem charakteristischen Kühne-Logo, in dem grün für die Natur und gelb für die Sonnenstrahlen stehen, hat sich bewährt: Fast zwei Drittel aller deutschen Haushalte kaufen mindestens einmal jährlich ein Kühne-Produkt – Tendenz steigend.* Das Unternehmen – seit 1762 im Besitz der Familie Kühne – ist heute der umsatzstärkste europäische Essig- und Sauerkonservenhersteller.

Die Produkte werden mittlerweile in über 50 Länder geliefert, ein Drittel des Umsatzes wird im Ausland erwirtschaftet. Als eines der ältesten Familienunternehmen der deutschen Lebensmittelindustrie ist Kühne zudem weiter innovativ, etwa mit würzigen Saucen für Burger und Sandwiches.

Carl Kühne KG
GmbH & Co
Kühnehöfe 11
22761 Hamburg
www.kuehne.de

Labello

Kaum ein Teil des Körpers versinnbildlicht die Verführung so wie schöne gepflegte Lippen. Und kaum ein Körperteil ist so sensibel: Hauchdünn, gerade mal ein zwanzigstel Millimeter dick, schutzlos gegenüber Umwelteinflüssen, ohne Talgdrüsen zum Befetten der Oberfläche.

Seit 1909 steht der Name „Labello" für den Ausweg aus dieser prekären Lage. Das Prinzip ist simpel: Labello stoppt die Verdunstung von Wasser auf den Lippen und fettet sie nach.

▶ *Der Apotheker Paul Beiersdorf hatte zusammen mit dem Dermatologen Dr. Paul Gerson Unna 1887 eine medizinische Lippensalbe auf den Markt gebracht, die rissige und spröde Lippen heilen sollte.* Vorbeugen statt heilen wollte Beiersdorfs Nachfolger Dr. Oskar Troplowitz 1902 mit seiner Lippenpomade. 1907 erfand er die praktische Schiebehülle und damit die Grundlage für jeglichen Lippenstift.

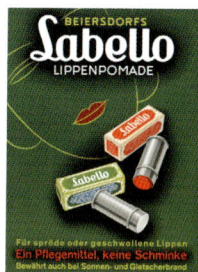

Der griffige Markenname hat ebenso zum Siegeszug des Produkts beigetragen wie die praktische Schiebehülle: Als die Lippenpflege 1902 als „Beiersdorfs Lippenpomade" in einer Blechdose auf den Markt kam, war sie noch ein ziemlicher Ladenhüter. Erst die Wiedergeburt unter neuem Namen in der Metallhülse brachte den Erfolg. Heute gibt es den Labello-Stift in 13 Varianten für verschiedene Zielgruppen. Weltweit wird der Pflegestift mit einer Jahresproduktion von 120 Millionen Stück in 31 Ländern vertrieben. Übrigens: Jeder dritte Labello-Käufer ist männlich.

Beiersdorf AG
Unnastraße 48
20148 Hamburg

www.labello.de

Langnese Eis

Sommer, Sonne – und Eis von Langnese. Ob am Stil oder in der Familienpackung: Die Marke aus Hamburg mit dem Herz hat den ganzen Globus erobert. Und sie hat viele Namen: Algida in Griechenland, Eskimo in Österreich, Frigo in Spanien, Ola in Südafrika. ▶ *Es waren zwei Hamburger Kaufleute, Viktor Emil Heinrich Langnese und Karl Rolf Seyferth, die 1935 in einer ehemaligen Schokoladenfabrik in Hamburg-Wandsbek den Grundstein für die bekannteste Eismarke der Welt legten.* Seyferth hatte 1935 eine Idee aus Dänemark nach Hamburg importiert: Eis am Stiel. Schon in der ersten Saison wurden mehr als 1,5 Millionen Eislollies verkauft. 1936 übernahm dann der Unilever-Konzern das Geschäft. Der Siegeszug der Eismarke aus Hamburg – ermöglicht vor allem durch den Aufbau einer Tiefkühlkette von der Fabrik bis hin zum Kiosk – setzte sich fort: 1949 stellte Langnese bereits eine Million Liter Eiskrem her – aus Milch, Butter, Zucker und Früchten. Und alles unter hohen hygienischen Standards sowie mit Hilfe der Pasteurisation. Auch deshalb hat Eis immer Saison. Dabei war Eis zu schlecken einst ein Privileg der Mächtigen und Reichen. Schon Kaiser Nero ließ sich den Schnee der Albaner Berge kommen und genoß ihn mit Honig, Früchten und Rosenwasser. Unter dem „Sonnenkönig" Ludwig XIV. gab es in Paris erstmals Schokoladen- und Vanilleeis.

Heute läßt Langnese-Eiskrem – von Capri über Cremissimo bis zu Magnum – Millionen Herzen höher schlagen.

Unilever Deutschland GmbH
Dammtorwall 15
20355 Hamburg

www.langnese.de

Langnese Honig

Alles begann mit einem Zufall. Der Hamburger Importeur Karl Rolf Seyferth, Inhaber einer Fabrik für chinesische Eierteigwaren, kaufte 1925 im Hamburger Hafen zu einem besonders günstigen Preis 5.000 Kilo Bienenhonig. Eigentlich wollte er mit der Ware nur handeln. Doch dann verfeinerte er den Honig mit anderen Sorten und stieg ins Honig-Geschäft ein.

▶ *Den Markennamen lieferte 1927 der Bisquithersteller Viktor Emil Heinrich Langnese bei einem Treffen in einem Restaurant.* Seyferth hatte per Zeitungsannonce einen passenden Firmenmantel gesucht. Und Langnese, dessen Geschäfte nicht gut liefen, willigte bei Kaviar und Hummer ins Geschäft ein. Seyferth gab ihm 300 Reichsmark und zahlte die Rechnung. Die Marke Langnese Honig war geboren. In den 1930er-Jahren entwickelte Seyferth das wabenförmige Sechseck-Glas und den schräggestellten Langnese-Schriftzug – bis heute die Markenzeichen des Honig-Klassikers. Und damals wie heute macht die goldklare Farbe den Langnese Honig zu einem Blickfang im Regal. 1958 avancierte Langnese Honig mit einem Absatz von 6.500 Tonnen zum Marktführer. Für Seyferth der Höhepunkt des Erfolgs.

Er verkaufte die Marke 1959 an „Dr. Oetker". Der wiederum verkaufte 2005 an den Bio-Honighersteller Fürsten-Reform in Braunschweig. Heute wird Langnese Honig in Bargteheide produziert. Die Marke mit dem Sechseck-Glas ist dabei nach wie vor Deutschlands bekanntester Bienenhonig.

Langnese Honig
GmbH & Co. KG
Hammoorer Weg 25
22941 Bargteheide

info@langnese-
honig.de

IMKERTRADITION SEIT 1927

Langnese

Ludwig Görtz

Mit der nach ihm benannten Schuhmarke Ludwig Görtz hat sich der Grandseigneur des deutschen Schuhhandels einen Traum erfüllt. Die Vision des Namensgebers, der zugleich Urenkel von Johann Ludwig Görtz ist, dem Gründer eines der größten Schuhhäuser Deutschlands: Nicht als schlichtes Kleidungsstück, sondern als Ausdruck von Kultur, Persönlichkeit und Stil sollen die Schuhe der Marke Ludwig Görtz auftreten. Mit exklusivem Understatement, klassischen Formen und handgefertigt aus bestem Material – ein „Muss" für elegante, qualitätsbewusste Herren und Damen. Eine Marken-Philosophie, die der international renommierte Hamburger Designer Peter Schmidt (unter anderem Hamburg Logo, Jil Sander, Hugo Boss) in der Gestaltung des Labels und der Verpackung meisterhaft umsetzte. Die erste Kollektion ging Anfang 2001 mit 12 Herren- und 17 Damenmodellen an den Start, in ausgewählten Görtz-Filialen. ▶ *Schnell begeisterte die von Ludwig Görtz kreierte „Magie eines meisterhaft gefertigten Schuhs" auch die Kunden: Von Saison zu Saison wurde die Kollektion ausgebaut, auf mittlerweile 41 Herrenmodelle und 98 Modelle für Damen.* Das Erfolgsrezept der Schuhklassiker von Ludwig Görtz: Alle Modelle zeichnen sich durch eine aufwändige Verarbeitung, ein strapazierfähiges Laufwerk und eine besonders gute Passform aus. Gut gepflegt halten die Schuhe ein Leben lang.

99

Ludwig Görtz GmbH
Spitalerstraße 10
20095 Hamburg

www.goertz.de

Marlies Möller

Sich einmal wie eine Königin fühlen. Für viele Frauen geht ein Traum in Erfüllung, wenn sie einen Frisiersalon von Marlies Möller besuchen. „Wer zu uns kommt soll staunen, Luxus spüren und genießen – und auch mal was Neues ausprobieren dürfen", sagt die Hamburgerin, die als eine der weltweit führenden Haarstylistinnen gilt; ihre Arbeit wurde vielfach ausgezeichnet. Marlies Möllers Spezialität ist der Trockenhaarschnitt. Und das heißt: Kein riskantes „Vorher-Nachher-Abenteuer". Die Kundin soll die Veränderung ihres Aussehens ohne Verfälschung durch eine nasse Optik erleben, sämtliche Etappen des Schnittes mitverfolgen. ▶ *Marlies Möller ist Perfektionistin, seit sie 1962 ihren ersten Salon in einer Harvestehuder Stadtvilla eröffnet hat.* 1992 entwickelt sie das optimale Equipment, eine Bürsten-Kollektion. 1994 eröffnet sie eine Talentschmiede, 1996 entwirft sie Berufskleidung für Frisöre. Sie veranstaltet Haar-Events rund um den Globus. Zur Jahrtausendwende folgt der zweite Salon – in Düseldorf, 2001 ein dritter Salon im Alstertal-Einkaufszentrum. 2002 dann der Flagship-Salon am Neuen Wall – mit 1000 Quadratmetern einer der größten Frisiersalons der Welt. Die Kundenkartei umfasst mehr als 35.000 Namen, darunter viele Prominente, inklusive der Königin von Schweden. Und auch mit ihrer Produktserie, der Marke MARLIES MÖLLER Beauty Hair Care (von der La Prairie Group, einer Beiersdorf Tochter, vertrieben), ist die Starfriseurin in Europa und in den USA auf Erfolgskurs.

Marlies Möller
Holding GmbH
Neuer Wall 61
20354 Hamburg
www.marliesmoeller.de

Hummel

„Hummel, Hummel", grüßt ein Hamburger, wenn er im Urlaub auf einen anderen Hamburger trifft – gut erkennbar am „HH" auf dem Autokennzeichen. „Mors, Mors!" ruft der dann zurück. Was auf Plattdeutsch für

Hintern steht. Der typisch hamburgische Spruch geht zurück auf Johann Wilhelm Bentz (1787–1854), alias Hans Hummel. Der Wasserträger aus der Neustadt, der seine beiden Eimer stets am Gänsemarkt-Brunnen füllte und dann unter anderem an die Anwohner der Gängeviertel verkaufte, galt als grimmiger Zeitgenosse: Die Straßenjungs der Nachbarschaft neckten ihn, indem sie „Hummel, Hummel" hinter ihm her riefen und sich sogar erdreisteten, ihm den blanken Popo zu zeigen. Worauf Bentz die kleinen Racker stets mit einem „Mors, Mors!" beschimpfte, konnte er sie doch mit seinen schweren Wassereimern nicht verfolgen. Wie Johann Wilhelm Bentz alias Hans Hummel zu seinem Namen kam, ist noch nicht endgültig geklärt. Eine Variante lautet, dass man ihm schlicht aus Bequemlichkeit so rief, hieß doch sein Vorgänger Georg Daniel Hummel. Einer anderen Legende nach wohnte Wilhelm Bentz in der ehemaligen

Wohnung des bei Kindern so beliebten Stadtsoldaten Hummel in der Großen Drehbahn 36. Nach „Hummels" Tod 1854 dauerte es dann mehr als 80 Jahre, bis der Verein geborener Hamburger dem legendären Wasserträger ein Denkmal setzte – passender Weise eines mit Brunnen. Es steht seit 1938 nordöstlich vom Großneumarkt am Rademachergang. Als die Hamburger nach dem Zweiten Weltkrieg in der britischen Besatzungszone zunächst Autokennzeichen mit dem Kürzel „BH" erhielten, dann aber 1956 endlich wieder ihr altes „HH" (Hansestadt Hamburg) auf den Nummernschildern nutzen durften, glaubten viele, das Kürzel bedeute „Hummel, Hummel". Heute begegnet uns das Hamburger Original in Form von 100 überlebensgroßen Hummel-Figuren in Hamburgs Innenstadt auf Schritt und Tritt. Aufgestellt wurden die farbenfrohen Zwei-Meter-Riesen vom City Management Hamburg, einem Zusammenschluss von über 450 Unternehmen des Einzelhandels, sowie von Grundeigentümern, Verbänden, Hotels, Gastronomiebetrieben und Institutionen, die mit der Wirtschaft in der Innenstadt zu tun haben. Finanziert wurden die Hummel-Figuren durch Patenschaften von Einzelhändlern und Unternehmen wie Banken, Versicherungen und anderen Firmen. Bekannte Designer und Künstler wie Jette Joop, aber auch junge Kunststudenten, wurden mit der Gestaltung der Fiberglas-Figuren beauftragt. Auf der Internetseite www.hanshummel.de gibt es einen farbigen Stadtplan zum Anklicken, der die Standorte aller 100 Hummel-Figuren verzeichnet.

Meisterstück

Der „Meisterstück"-Füllfederhalter von Montblanc: Politiker unterzeichnen mit ihm Staatsverträge, Prinzen tragen sich damit in „goldene Bücher" ein, Popstars signieren so ihre CDs und Bücher. Auch Geschäftsleute und Brautpaare greifen zum Edelfüller mit der goldenen Feder und dem markanten weißen Stern aus Hamburg, wenn es darum geht, bei besonderen Anlässen mit einem besonderen Füllfederhalter zu unterschreiben. Das „Meisterstück" von Montblanc mit dem unverwechselbaren Erscheinungsbild gilt weltweit als Design-Ikone, als Kultobjekt. Es ist Ausstellungsstück in Museen, wurde vielfach ausgezeichnet und hat einen Eintrag im „Guinness Book of Records".

▶ *1924 schlug die Sternstunde des Schreibklassikers in einer Fabrik im Hamburger Schanzenviertel.* Der Schreibwarenhändler Claus-Johannes Voss, der Bankier Christian Lausen und der Ingenieur Wilhelm Dziambor waren seine Väter. Die drei hatten sich 1906 zusammengetan, um Füllfederhalter zu fertigen. Mit dem „Meisterstück" aus schwarzem Edelharz, drei goldplatierten Ringen, einer Goldfeder mit Platinintarsia sowie der Gravur „4.810" (der Höhe des Mont Blanc) gelang ihnen 1924 ein Geniestreich. Gefertigt wird ein „Meisterstück" in 152 Arbeitsschritten, bis zu sechs Wochen dauert die Herstellung. Die Verarbeitung ist dabei so sorgfältig, das Material so ausgesucht und hochwertig, dass das „Meisterstück" von Montblanc ein lebenslanger Begleiter ist.

Montblanc
International GmbH
Hellgrundweg 100
22525 Hamburg

www.montblanc.de

Meister
stücke
für die
Kunst d
Schreib

NAVIGON

Elektronische Pfadfinder erleichtern unser Leben. Ob im Auto, beim Radfahren oder zu Fuß: digitale Landkarten ersetzen das umständliche Hantieren mit Faltkarten aus Papier. ▶ *Das Hamburger Unternehmen NAVIGON hat mit der Entwicklung der weltweit ersten mobilen GPS-Satellitennavigation Pionierarbeit geleistet und setzt mit Produkten der Marke NAVIGON Maßstäbe.* So ist der MobileNavigator 6 auf mobilen Plattformen vom Pocket PC bis zum Handy einsetzbar und bietet hausnummergenaue Navigation für Europa, Nordamerika, Südafrika und Australien. Das digitale Kartenmaterial enthält fünf Millionen „Sonderziele" wie Tankstellen, Hotels, Restaurants oder Apotheken. Dazu kommen weitere Highlights wie die verkehrsfunkgesteuerte „Schlau um den Stau-Funktion", Sprachsteuerung, Fahrspur-Assistent, Geschwindigkeitswarnung, dynamische Streckenübersicht, kontrastreiche 2D und 3D-Darstellungen sowie reale Beschilderungsanzeigen. Letztere erleichtert die Orientierung durch die Anzeige realer Verkehrsschilder. Dank einer völlig neuen Benutzeroberfläche kommen auch Technik-Laien mit dem System gut zurecht. NAVIGON – nach Marktforschungsangaben eines der führenden Unternehmen der Branche – bietet seinen MobileNavigator als modulares System an – von der reinen Software bis zum vollständigen Gesamtpaket inklusive GPS-Empfänger. Kürzlich haben die ersten NAVIGON-Shops in ausgewählten Karstadt-Filialen ihre Pforten geöffnet.

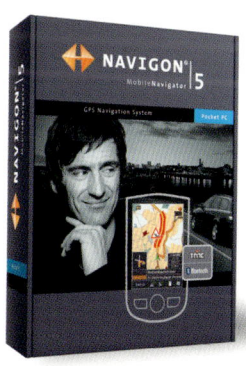

NAVIGON AG
Schottmüllerstr. 20 A
20251 Hamburg

www.navigon.com

Womit man sich zu schützen pflegt.

Nivea

NIVEA Creme, der Klassiker unter den Markenprodukten, ist die erste „stabile" Hautcreme (als Wasser-Öl-Emulison). ▶ *1911 schufen Oskar Troplowitz, Isaac Lifschütz und Paul Gerson Unna in Hamburg NIVEA zur Pflege der Haut.* Seither besteht NIVEA aus fünf Grundkomponenten. NIVEA ist eine neulateinische Wortschöpfung, die mit „schneeweiß" übersetzt wird. NIVEA Creme steht für Vertrauen und Qualität. Zunächst als gelbe Jugendstildose auf den Markt gebracht, wurde 1925 die blaue NIVEA Dose mit dem markanten weißen Schriftzug entworfen. Das Blau als Symbol von Frische, Wasser und Leben wurde zum Markenzeichen. Generationen sind mit NIVEA aufgewachsen und kommen täglich mit Produkten aus dem Sortiment in Berührung. NIVEA Creme ist die Basis für die größte Hautpflegemarke der Welt. In den 1920ern bereicherten Rasierseife, Haarwasser, Badeseifen und Sonnenbrandcreme den Sortiment. In den 1970er Jahren wurde NIVEA zu einer umfassenden Dachmarke für Haut- und Körperpflege ausgebaut. Nivea for men hat den Markt für Männerkosmetik entscheidend geöffnet, NIVEA visage und NIVEA beauté und die gesamte Pflegeserie von NIVEA erwirtschaften weltweit 2,7 Milliarden €. Pro Jahr werden 130 Millionen Dosen NIVEA Creme abgefüllt. Allein im Hamburger Stammwerk verlassen täglich 300.000 NIVEA Dosen die Produktion. Mit einer Markenbekanntheit von 98 Prozent in Deutschland ist Nivea eine der führenden Marken.

Beiersdorf AG
Unnastraße 48
20245 Hamburg
www.beiersdorf.de

Notrufsäule

Alle 500 Meter bis zwei Kilometer stehen sie entlang der Autobahnen: die auffällig orangefarbenen Notrufsäulen. Bundesweit gibt es mehr als 14.000 Stück in unterschiedlichen Ausführungen, dazu kommen weitere 6000 entlang der Bundesstraßen. Auch im Mobilfunkzeitalter ist die 1949 vom Elektronikkonzern Siemens in Hamburg entwickelte Technik noch gefragt: Bis zu 1800 Hilferufe gehen mit ihrer Hilfe täglich in der Hamburger Notrufzentrale der Versicherungswirtschaft (GDV) ein; die meisten Anrufer melden dabei eine Panne mit ihrem Auto. ▶ *Die ersten Notruf-Telefone entlang der Autobahnen gab es schon 1941. Doch nach dem Krieg waren die meisten zerstört oder ausgeplündert. Siemens & Halske in Hamburg entwickelte daraufhin das Modell SH 50, den Urvater der modernen Notrufsäule.* Die Technik wurde auch nach Dänemark und Österreich verkauft, sogar nach Argentinien und Saudi-Arabien. Von Hamburg aus wird die Technik weltweit montiert und gewartet. Und es sind Siemens-Ingenieure in Hamburg, die die Notruf-Technik weiterentwickeln. So werden die Notrufsäulen mit ISDN-Leitungen und Mobilfunktechnik ausgestattet, und auch der Transport von Sprache über das Internet (VoIP) ist möglich. Damit bleibt die Notrufsäule die sicherste und schnellste Hilfe für den Ernstfall. Pannendienste und Notärzte

können sich darauf verlassen, dass die Notrufe im Hamburger Leitstand auf den Punkt genau lokalisiert werden.

Siemens AG
Region Hanse
Lindenplatz 2
20099 Hamburg

www.siemens.de/
hamburg

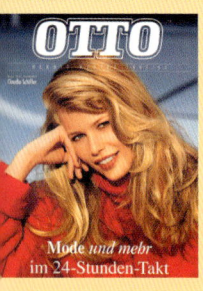

OTTO

OTTO – für viele ist der Name gleichbedeutend mit Versand. Generationen von Bundesbürgern haben in den vergangenen Jahrzehnten in den telefonbuchdicken Katalogen geblättert und sich modische Kleidung, Möbel und Unterhaltungselektronik ins Haus liefern lassen – vom größten Versandhaus der Welt aus Hamburg. Doch der Weg bis zum Weltkonzern mit knapp 55.000 Mitarbeitern und 14,4 Milliarden Euro Umsatz war weit. Rückblick: ▶ *Als der Kaufmann Werner Otto 1949 in Hamburg-Schnelsen mit nur drei Mitarbeitern einen kleinen Versand für Schuhe eröffnet, schütteln viele den Kopf. Kein Ladengeschäft, keine Beratung – wie soll das funktionieren?* Doch Werner Otto versteht es, die wachsende Kaufkraft der „Wirtschaftswunder"-Republik an sich zu ziehen. Er ist Vorreiter der Branche, nimmt als erster Bestellungen per Telefon an, liefert schnell und zuverlässig – und er verkauft auf Rechnung. Die Kunden honorieren dieses Vertrauen. So wird aus der Hinterhof-Firma ein Erfolgsunternehmen. 1970 übernimmt Werner Ottos Sohn Michael das Ruder. Der steuert einen erfolgreichen Expansionskurs, baut das Familienunternehmen zum Konzern aus – und

bleibt Vorreiter: 1994 präsentiert Otto als erster Versender sein Sortiment auf CD-ROM; 1995 folgt www.otto.de im Internet. Den beliebten Katalog aber gibt es auch weiterhin: Auflage 20 Millionen im Jahr, rund 1.000 Seiten stark, mit über 100.000 Artikeln pro Saison.

OTTO GmbH & Co. KG
Wandsbeker Str. 3–7
22172 Hamburg
www.otto.com

FRÜHLING/SOMMER 1961

Strahlend weiß —
charmant und
jugendlich frisch.
Aus dem großen
OTTO-Modeteil.
Reine Baumwolle
Größen 38—46
Best. Nr. 1300
　　　DM 39,50
Siehe auch Seite 2

100 JAHRE
OTTO VERSAND

Pebeco-Zahnpasta

Pebeco reinigt Mund und Zähne – so schlicht warb die Firma Beiersdorf 1910 für ihre Zahnpasta in der Patenttube. Die Zinntube war eine Innovation in Deutschland. Die von Dr. Oskar Troplowitz, dem damaligen Eigentümer von Beiersdorf, 1887 für Dr. Floris entwickelte medizinische Zahnpasta Florisal wurde bereits in der Tube verkauft. Bis dahin wurden lediglich Hartseifen, Cremes und Pulver zur Zahnreinigung in Blechschachteln oder kleinen Steinguttöpfen gehandelt. Die in die Tube gefüllte Paste war praktisch und hygienisch zugleich. Ein Fortschritt, denn vorher hatte die ganze Familie die Zahncreme- oder seife mit ihren Zahnbürsten aus demselben Tiegel entnommen. Dabei bestand die Gefahr, dass Keime übertragen wurden. Das konnte bei Pebeco nicht passieren. Außerdem war die Paste einfach zu dosieren. Die Zahnpasta wurde „mit der trockenen Bürste in die Zähne und Zahnfleisch eingerieben" und dann erst sollte Wasser zugesetzt werden.

▶ *Mit Pebeco (ein Akronym aus dem Firmennamen Paul Beiersdorf & Co.) kam 1905 eine pflegende und wohlschmeckende Zahnpasta auf den Markt, die gleichzeitig Bakterien bekämpfte, Zähne und Zahnfleisch reinigte und die Blutzirkulation im Mundraum anregte.* Bis in die 1930er-Jahre hinein war Pebeco dann eine der meistverkauften Zahncremes in Deutschland – und das erfolgreichste Produkt der Firma Beiersdorf. 1933 wurde sie in die Nivea-Produktfamilie eingegliedert und verlor später ihren Markennamen.

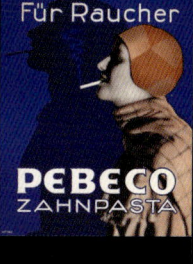

Beiersdorf AG
Unnastraße 48
20245 Hamburg
www.beiersdorf.de

Pixi-Bücher

Seit mehr als fünfzig Jahren sind Pixi-Bücher Wegbegleiter ganzer Generationen von Kindern. ▶ *Erstmals erschienen die Bücherzwerge 1954. Der dänische Verleger Per Hjald Carlsen hatte nach einem Weg gesucht, qualitativ hochwertige Bilderbücher möglichst preisgünstig anbieten zu können. Im Programm eines amerikanischen Verlages entdeckte er geeignete Lizenztitel und veröffentlichte sie als Pixis (von engl. Kobold) im charakteristischen und bis heute einmaligen 10 x 10 cm-Format.* Seitdem finden sich die Abenteuer von Petzi, Pelle und Pingo, Kater Schnurr, Tante Thea, Conni, dem Kobold Pixi selbst und vieler anderer in Millionen von Kinderzimmern. Und das nicht nur in den deutschsprachigen Ländern, sondern auch in Skandinavien, den Niederlanden, Italien und jüngst sogar in China. Jedes Pixi-Buch hat vierundzwanzig Seiten, ist durchgehend farbig illustriert und trägt auf der Umschlagrückseite einen Spiel- oder Basteltipp präsentiert von Pixi. Jährlich kommen 64 neue Pixi-Bücher mit Abenteuer, Spaß und Spannung in den Handel, jedes zum Preis von nicht einmal einem Euro. Mit bisher über 260 Millionen verkaufter Exemplare und einem jährlichen Absatz von etwa sechs Millionen Büchern ist Pixi die erfolgreichste Bilderbuch-Reihe aller Zeiten. Pixi-Bücher – es gibt über 1400 fortlaufend nummerierte Titel – sind zudem begehrte Sammlerobjekte, angefangen mit der ersten Ausgabe „Miezekatzen" von 1954.

CARLSEN Verlag GmbH
Völckersstraße 14 – 20
22765 Hamburg
www.carlsen.de

▶ 2500 Brücken – mehr als Amsterdam oder Venedig.

▶ Das älteste Bankhaus Deutschlands (Berenberg Bank, 1590).

▶ Die deutsche Großstadt mit den meisten Grünflächen (14 Prozent).

▶ Der größte Parkfriedhof der Welt (Ohlsdorfer Friedhof, 400 Hektar).

▶ Der größte europäische Umschlagplatz für Kaffee.

▶ Die älteste Versicherung der Welt (Hamburger Feuerkasse, 1676).

▶ Deutschlands Stifterhauptstadt (900 Stiftungen).

▶ Größter Konsularstandort Europas und der drittgrößte der Welt (knapp 100).

Rekorde

▶ Der älteste Turn- und Sportverein der Welt (Hamburger Turnerschaft von 1816).

Punica

Der Beginn einer exotischen Erfolgsgeschichte: Rolf H. Dittmeyer wollte den besten Saft sonnengereifter Orangen in Flaschen abfüllen. Eine kleine Revolution, denn bis in die 1960er Jahre gab es den Saft nur in Dosen. ▶ *1977 gelang dem Hamburger Kaufmann mit der 1-Liter-Glasflasche und den Geschmacksrichtungen Punica Orange und Punica Multivitamin der Durchbruch.* Die „Superschluckflasche" mit der unverkennbaren Weithals-Öffnung und dem bekannten Dittmeyer-Logo wurden zum Markenzeichen von Punica. Der Name selbst kommt aus dem Lateinischen – punica granatum – und bedeutet übersetzt Granatapfelbaum. So exotisch wie der Markenname Punica ist auch der Inhalt. Von Ananas bis Aprikose, von Mango bis Maracuja. Insgesamt 19 Punica-Geschmacksvarianten vom Fruchtsaftgetränk zum Fruchtnektar, über Tea&Fruit bis zur Schorle erfrischen in der „Punica Oase". Die exotischen Varianten werden in Glas- und Petflaschen sowie in Tetra Paks abgefüllt. Das Erfolgsgeheimnis der Durstlöscher sind die vielfältigen Früchte und die exotischen Fruchtsaftsorten. Die fruchtigen Erfrischungen von Punica kommen ganz ohne Zucker aus, das macht sie zu einem besonders gesunden und kalorienarmen Genuss. Jedes Kind kennt die „Punica Oase" aus der Werbung, aber kaum einer weiß, dass das Unternehmen seit Mai 2005 zum Pepsi Konzern gehört. Die Herstellung von Punica erfolgt jedoch weiterhin in Hamburg Wilhelmsburg.

Punica Getränke GmbH
Reiherstieg-
Hauptdeich 39–47
21107 Hamburg

www.punica.de

Rama

Es war Kaiser Napoleon III, der 100.000 Goldfranc als Belohnung für die Erfindung einer preiswerten, wohlschmeckenden und streichfähigen Alternative zu Butter aussetzte. Dem französischem Chemiker Hippolyte Mège-Mouriés gelang 1869 der Coup, wobei er zunächst tierische Zutaten für die erste Margarine (vom griechischen margaron = Perle) nutzte. Doch es war der Niederländer Jan Jurgens, der das Marktpotenzial entdeckte. ▶ *Unter dem Dach der deutschen Jurgenswerke in Hamburg-Bahrenfeld (später Margarine-Union) wurde die Vermarktung 1924 beschlossen.* Die neue Marke – Rahma – wurde mit einer gewaltigen Werbekampagne eingeführt: Eine Million Gratispackungen, 800.000 Plakate auf Litfasssäulen und Anzeigen in 1800 Zeitungen. Selbst Schaufenster wurden mit Rahma-Werbung dekoriert. Immer im Bild: Das „Rahma-Mädchen" mit den blonden Zöpfen und der Vierländer Tracht. Die Botschaft: Rahma ist frisch und gesund. Auch wenn das „h" in Rahma später weggelassen wurde: Der Name – und der anfängliche Zusatz „buttergleich – wecken bei den Verbrauchern Assoziationen zu Butter, Rahm und Sahne. Nach dem Krieg erreichte die Margarine-Marke mit Slogans wie „Rama macht das Frühstück gut" eine Bekanntheit von fast 100 Prozent. Heute gehört die rein pflanzliche Rama – die größte Margarinemarke der Welt – zu Unilever Deutschland. Zur Dachmarke gehören inzwischen auch Halbfett-Varianten und eine flüssige, hoch erhitzbare Pflanzencreme.

Unilever
Deutschland GmbH
Dammtorwall 15
20355 Hamburg
www.rama.de

PHILIPS

Röntgen-Ambiente

Untersuchungen in einer Röntgenpraxis oder in der Klinik werden häufig als unangenehm empfunden. Nicht nur Kinder reagieren ängstlich, wenn sie in „die Röhre" geschoben werden, damit der Arzt in das Innere des Körpers sehen kann. ▶ *Dass moderne Medizin auch ohne die einschüchternde Ausstrahlung der medizinischen Großgeräte funktioniert, zeigen die Forscher von Philips aus Hamburg.* Sie haben zusammen mit Spezialisten aus dem gesamten Philips-Konzern eine „Medizintechnik mit Ambiente" entwickelt. Das Ergebnis sind innovative Lichtkonzepte, die speziell auf die medizinischen und wirtschaftlichen Bedürfnisse von Krankenhäusern zugeschnitten sind. Sie „dimmen" nicht nur die Angst des Patienten. Das neuartige Konzept führt ebenfalls zu erheblichen Kostensenkungen der allgemeinen Krankenhausbeleuchtung. Die Systeme stehen dabei in speziell entwickelten Untersuchungsräumen, so genannten „Ambiente-Pavillons", die sich mit Licht- und Projektionstechnik in verschiedene „Traumwelten" tauchen lassen – für Kinder etwa in eine bunte Tierwelt. Dahinter steckt ein Konzept, an dem bei Philips eine Vielzahl von Experten mitgearbeitet haben: Physiker und Ingenieure, Designer und Psychologen. Ihr gemeinsames Ziel: die sprichwörtliche klinische Nüchternheit überwinden, den Gefühlen von Einsamkeit und Hilflosigkeit entgegen wirken.

Philips Medizin
Systeme GmbH
Röntgenstraße 24
22335 Hamburg

www.philips.de/
medizin

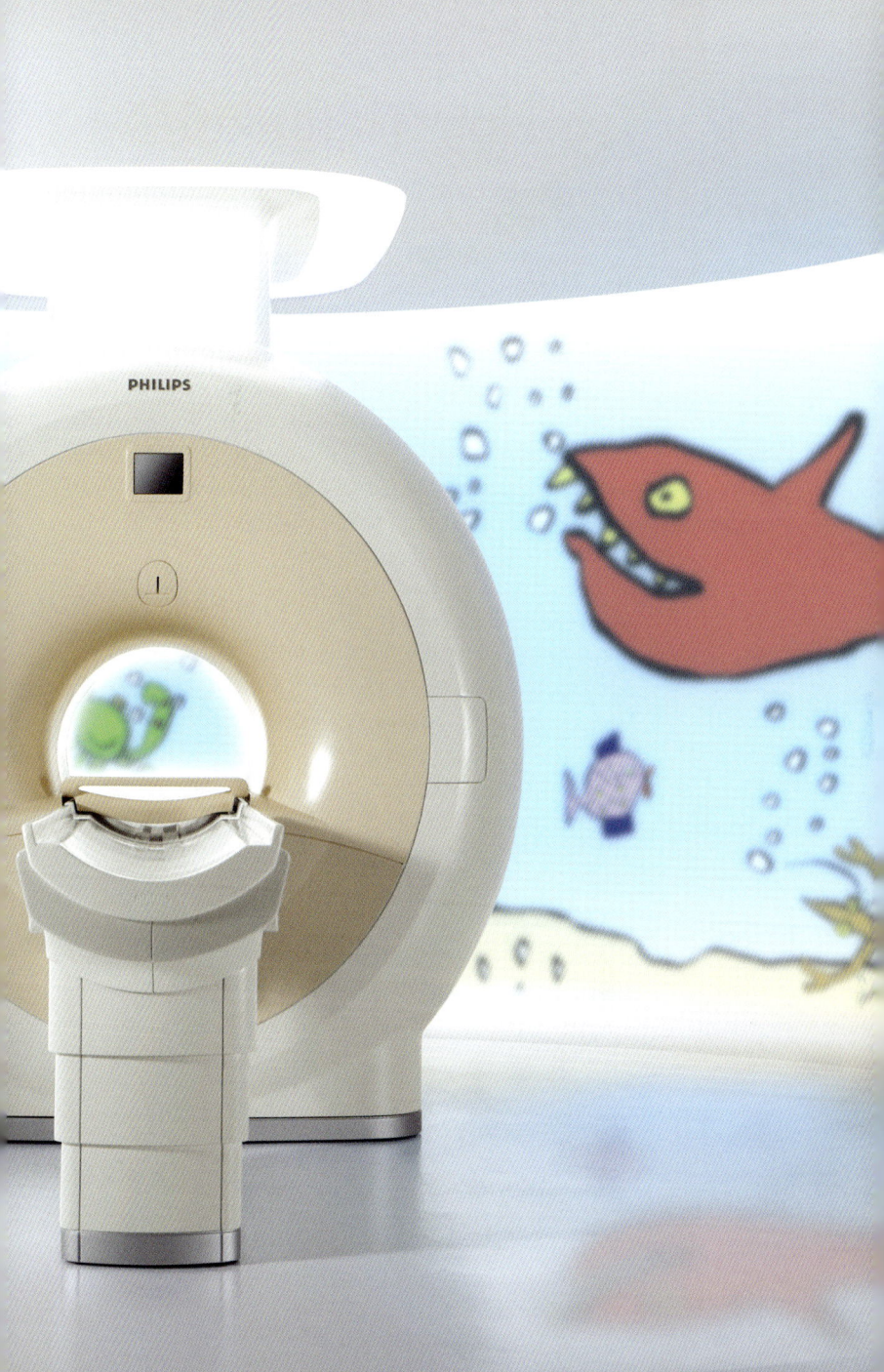

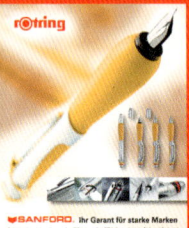

Sanford
Deutschland GmbH
Postfach 541060
22510 Hamburg

www.rotring.com

rotring-Tintenkuli

Wir schreiben das Jahr 1928. Der Hamburger Wilhelm Riepe sucht nach dem perfekten Schreibgerät. Er stellt sich eine Mischung aus dem bekannten Tintenstift Stylograph und einem Füllfederhalter vor. Und es soll durch Kohlepapier „durchschreiben" können. ▶ *Das Resultat von Riepes Experimentierarbeit ist der „Tintenkuli". Er hat eine Röhrchen-Schreibspitze, ist äußerst präzise – und wird schnell zum Kassenschlager: Bereits 1932 exportierten die Riepe Werke von Altona aus in 34 Länder der Erde.* Der „Tintenkuli" wird zum Synonym für problemloses Schreiben im Alltag – und ist es bis heute geblieben.

Weitere Innovationen Riepes: Der Mehrfarbstift, der erstmals einen Bleistift und zwei Farbstifte in einem Gehäuse vereint (1936), und der Rapidograph (1953), der „Urvater" aller Tuschefüller. 1965 schließlich wird der rote Ring zum offiziellen Markenzeichen der Firma, die sich in den Folgejahren zum Systemanbieter für Technisches Zeichnen entwickelt. Heute schätzen nicht nur technische Zeichner und Hobby-Grafiker in aller Welt die hochwertigen Schreibgeräte aus dem Hause rotring. Mit seinen Produkten Core und Skynn ist rotring zum Beispiel Trendsetter im Jugendschreibgeräte-Segment. Der rotring Esprit verfügt über eine ausgeklügelte Teleskop-Mechanik, die ihn in jede Tasche passen lässt. Und der rotring Initial überzeugt durch ein innovatives APC System, das auch bei hohen Luftdruckunterschieden einen gleichmäßigen Tintenfluss gewährleistet.

GESTATTEN SIE, DASS ICH MICH VORSTELLE:

›TINTENKULI‹

Ich brenne darauf Ihnen zu zeigen, was ich für Sie leisten kann, und **arbeite gern eine Woche kostenlos zur Probe für Sie.** Bitte machen Sie mit mir einen Versuch!

Ich schreibe wie ein Bleistift, aber mit flüssiger Tinte, denn ich bin eine Kreuzung zwischen Bleistift und Füllhalter, die Vorzüge beider sind in mir vereinigt. Für jeden, der Schreibarbeit zu leisten hat, bin ich ebenso unentbehrlich wie die Nadel für den Schneider.

Mit meiner bleistiftähnlichen Schreibspitze leiste ich weit mehr als der beste Füllhalter. Auch gibt es bei mir kein langes Schrauben und Drehen, bis ich endlich schreibbereit bin. Bei mir heißt's einfach: Kappe ab und losgeschrieben! Wenn's gewünscht wird, mache ich von Ihren Briefen gleich mehrere Durchschreib- Kopien; das Original ist dann mit Tinte geschrieben. Ausgezeichnet, nicht wahr?! Wo ich gerade von Tinte spreche: Ich bin sehr sparsam damit! Einerlei, für welche Schreibarbeit Sie mich benutzen, Ihre Schriftzüge sind trocken, ehe Sie das Blatt gewendet haben.

Ihr Löscher wird Langeweile bekommen, und Ihr Lineal wird sich wundern, denn die beste Feder rutscht an ihm nicht so glatt und ohne Klecksen entlang wie ich. Leicht, wie die liebkosende Hand einer schönen Frau, gleite ich beim Schreiben über das Papier, und bequem liege ich in Ihrer Hand, die keine Ermüdung verspüren wird, auch wenn Sie mich stundenlang führen.

Wie viele schon habe ich für immer vom Schreibkrampf befreit! **Und mein Honorar?** Für ③ + ③ + ③ = 9 Mark gehöre ich Ihnen! Ich bestehe aus bestem Hartgummi, und meine extragehärtete Schreibspitze, die aus einer nach besonderem Geheimverfahren hergestellten Edelmetall-Legierung gefertigt ist, wird weder von der Tinte angegriffen noch im Schreibgebrauch abgenutzt. Damit ich nicht mit sogenannten Doppelgängern, die gern von meinem Ruf schmarotzen möchten, verwechselt werden kann, ließ mein Schöpfer mir den Namen auf meinen schlanken Leib malen. Achten Sie bitte besonders auf dieses, mir allein gesetzlich geschützte Kennzeichen und lesen Sie bitte hier unten, was meine Freunde über mich schreiben!

Ob jung oder alt,   Wer schreibt — ob Männlein oder Fräulein,   braucht mich!

Machen Sie mit mir einen Versuch — er kostet Sie ja nichts! Sie treffen mich bei Ihrem Schreibwarenhändler an. Sollte ich wider Erwarten nicht dort sein, so füllen Sie bitte den anhängenden Bestellzettel aus. Ich komme dann sofort zu Ihnen und werde Ihnen lange Jahre genau so zuverlässig dienen wie in der Probezeit als

Ihr getreuer, stets dienstbereiter

Tintenkuli

Bestellzettel.

An die
„Tiku" G. m. b. H., Altona (Elbe).
Senden Sie unter Nachnahme
(Kein Geld voreinsenden)

...... Stück **Tintenkuli**

zu je 9 Mark portofrei.

Bedingung:

Falls nicht gefallen, nehmen Sie innerhalb einer Woche den Tintenkuli zurück u. vergüten sofort ohne Abzug den gezahlten Betrag.

Name: ....
Stand: ....
Ort: ....
Straße: ....

Ihr TINTENKULI ist ein Schreibgerät, wie es jedes schreibende Menschenkind führen sollte. Baurat G. Plauen, 20. 11 29.

Zuerst dachte ich: Amerikanischer Schwindel, dann bei Gebrauch bin ich vollständig ausgesöhnt. Der TINTENKULI ist das, was ich seit langem suchte. Funktioniert tadellos! Pastor P., Lindow, 6. 5. 30.

Ich bin überrascht, daß dieser mit 9 Mark nicht teurere TINTENKULI alles hält, was er versprochen hat, und werde den schmucken, tüchtigen Burschen jederzeit gerne weiterempfehlen. Herr H.N.S., München, 3.5. 30.

Die bei uns angestellten 3 TINTENKULI haben durch ihre Schnelligkeit eine solche Erhöhung der Arbeitsleistung bewirkt, daß sogar weitere drei ihrer Patent-Kerlchen nach hier in Marsch gesetzt werden müssen. Sparkasse zu St. Andreasberg, 7. 2. 30.

Seit ca. 8 Tagen benutze ich Ihren TINTENKULI. Seitdem träumen meine bis jetzt benutzten drei Füllfederhalter ein Glück im Winkel. Herr A. B., Berlin, 4. 3. 30.

Endlich haben wir in dem TINTENKULI das langgesuchte Schreibgerät für unsern Durchschreibeverkehr gefunden, bei dem das Original mit Tinte geschrieben werden kann. H. F. Sch. & Co., Hamburg, 25. 1. 30.

Ich bestätige den Empfang des TINTENKULI neuester Konstruktion. Von seinen Leistungen bin ich restlos befriedigt. Ich nehme Veranlassung, Ihnen für die Übersendung meinen besonderen Dank auszusprechen. Professor Dr. B., Halle, 9. 3. 30.

Ich teile Ihnen mit, daß ich seit einem Vierteljahr mit Ihrem TINTENKULI schreibe und täglich mein 500 Unterschriften leiste. Herr W. W., Brandenburg, 8. 10. 29.

Der TINTENKULI saust über das Papier wie ein geölter Blitz! Dr. K. T., Dresden, 22. 4. 30.

Auch das Doppelte hätte ich für dieses hervorragende Schreibzeug gerne bezahlt. Ich denke Ihnen aufs beste. Dr. med. B., Sinsheim, 21. 3. 30.

Ihr TINTENKULI gefällt mir sehr gut, und meine schlechte Handschrift hat sich wesentlich dadurch gebessert. Herr R. v. F., Eisenach, 19. 3. 30.

An unseren dauernden Nachbestellungen werden Sie ersehen, daß der TINTENKULI sich bewährt. Spar- u. Darlehnskasse, Krogaspe, 15. 2. 30.

Dieser TINTENKULI übertrifft alle Füllfederhalter sämtlicher Konstruktionen, welche ich ausprobierte. Herr C. P., Döbern, 14. 3. 30.

Das Ruder TLKSR

Der Hafenbesucher wird diese Innovation kaum bemerken, denn sie verbirgt sich unter dem Wasserspiegel. Die Rede ist von einer der erfolgreichsten neuen Entwicklungen in der Schifffahrtstechnik: das Rudersystem TLKSR („Twisted Leading Edge King Support Rudder") des Hamburger Weltmarktführers Becker Marine Systems. Am 14. April 2005 nach dem Stapellauf des Containerschiffes „SAVANNAH EXPRESS" zum ersten Mal auf See erprobt, hat es seinen Herstellern umgehend 85 Vorbestellungen beschert. Je nach Größe kostet die revolutionäre Rudertechnik bis zu 1 Mio. €. Das Besondere an diesem Ruder: Es ist unten leicht gedreht. Dadurch wird die so genannte „Kavitationserosion", die bei hohen Drehzahlen durch Dampfblasen an Ruder und Schraube verursacht wird, reduziert; Sicherheit und Lebensdauer der Anlage werden erhöht. Außerdem ist dieses Rudersystem relativ leicht und spart daher Energiekosten. Das TLKSR-System ist die jüngste Innovation von Becker Marine Systems. ▶ *Die Firma, die sich aus einem 1946 von Willi Becker eröffneten Ingenieurbüro entwickelt hatte, ist vor allem für das „BeckerRuder" mit seiner beweglichen Flosse und die KORT-Düse weltbekannt.* Es ist eine der großen Erfolgsstorys „Made in Hamburg" in den letzten Jahrzehnten und sie wird sicher noch eine ganze Weile andauern.

Becker Marine
Systems
Neuländer Kamp 3
21079 Hamburg

www.becker-marine-
systems.com

Gratis **können Sie Ihrem Haar prachtvoll seidigen Hochglanz verleihen durch**

Schwarzkopf Haarglanz-Pulver

Nach der Haarwäsche einfach im letzten Nachspülwasser aufzulösen!

Auch dieser bekannten Packung **Schwarzkopf-Schaumpon** *„Extra"*

liegt gratis unser Haarglanz-Pulver bei

Schwarzkopf Schaumpon Extra mit Haarglanz-Pulver
Preis 30 Pfg.

Schwarzkopf Professional

Das „Schaumpon mit dem schwarzen Kopf" – der erste haarkosmetische Markenartikel in Deutschland – geht auf das Jahr 1903 und den Berliner Drogeristen Hans Schwarzkopf zurück. Doch seit mehr als einem halben Jahrhundert ist Hamburg der Sitz der Firmenzentrale - und Schwarzkopf ein Hamburger Markenartikel, auch wenn im mittelfränkischen Wassertrüdingen produziert wird. In rascher Folge bringt das Unternehmen Innovationen auf den Markt, und immer werden Friseure und Kunden in den Fortschritt bei der Entwicklung von Haarpflegeprodukten eingebunden. Das hat Tradition: 1961 entstand in Hamburg das Schulungszentrum „Schwarzkopf Fachstudio International", 1972 wurde die „Schwarzkopf-Methode" eingeführt, das erste systematische Konzept rund um die Dauerwelle: Produkte, Kundenberatung, Technologie und Ausbildung in einem Programm. Und 1989 eröffnete in Hamburg die „Schwarzkopf Akademie". ▶ *Schwarzkopf Professional Haarprodukte werden für Top-Friseure und ihre Salons entwickelt. Dabei kann das Unternehmen, das zur Henkel-Gruppe gehört, auf mehr als 100 Jahre Erfahrung und technisches Wissen zurückgreifen.* So wird die Produktserie OSiS von Top-Stylisten inspiriert und verfügt über eine große Auswahl an Wachsen, Sprays, Gels und Schäumen. Das innovative Haarpflegesystem BC BONACURE ermöglicht eine individuelle Haartherapie. Und mit SEAH hat Schwarzkopf Professional die weltweit erste Spa-Pflegeserie am Markt etabliert.

Schwarzkopf
Professional
Hohenzollernring
127–129
22763 Hamburg

www.schwarzkopf-
professional.de

DER SPIEGEL

Das deutsche Nachrichten-Magazin DER SPIEGEL ist politisch unabhängig, niemandem – außer sich selbst und seinen Lesern – verpflichtet und steht keiner wirtschaftlichen Gruppierung nahe. Das Magazin erscheint jeden Montag und wird in 167 Länder geliefert. Im Jahresdurchschnitt werden Woche für Woche annähernd 1,1 Millionen Exemplare verkauft.

▶ *Die erste Ausgabe erschien am 4. Januar 1947 in Hannover als Nachfolger einer Zeitschrift namens „Diese Woche".* Der 2002 verstorbene Rudolf Augstein, der den Sitz des Verlags 1952 von Hannover nach Hamburg verlegte, war seit der ersten Ausgabe Chefredakteur und Herausgeber. Seit 1994 ist Stefan Aust Chefredakteur des SPIEGEL. Schon früh besaß das Magazin großen Einfluss und seine publizistische Macht nahm nach der SPIEGEL-Affäre von 1962 noch zu. Mittlerweile hat sich der SPIEGEL zu einer Markenfamilie entwickelt: Der Verlag publiziert seit 1998 den UniSPIEGEL, seit 1997 die SPIEGEL Jahres-Chronik und seit 1995 den KulturSPIEGEL. Das 1988 erstmals ausgestrahlte SPIEGEL TV MAGAZIN hat sich zu einem der erfolgreichsten Nachrichten-Formate im deutschen Fernsehen entwickelt. Im Oktober 1994 ging der SPIEGEL als weltweit erstes Nachrichtenmagazin online. Zehn Jahre später hatte sich SPIEGEL ONLINE als Marktführer bei den Newsangeboten im Internet etabliert. Seit Oktober 2004 gibt es mit dem E-Paper zudem eine elektronische Ausgabe des SPIEGEL.

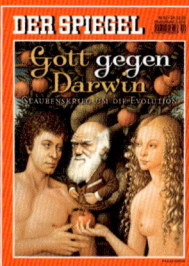

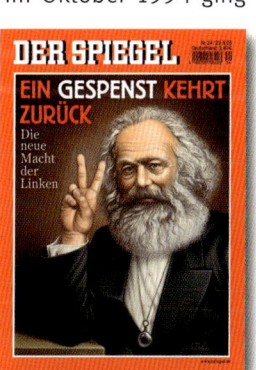

SPIEGEL-Verlag
Rudolf Augstein
GmbH & Co. KG
Brandstwiete 19

20457 Hamburg

▶ „In Hamburg lebten zwei Ameisen, die wollten nach Amerika reisen. Bei Altona auf der Chaussee da taten ihnen die Beine weh, und da verzichteten sie weise dann auf den letzten Teil der Reise." *Joachim Ringelnatz*

Zitate

▶ „Es könnte kommen, dass Sie es im Himmel bereuten, Hamburg nicht gekannt zu haben." *Georg Christoph Lichtenberg*

▶„Hamburg ... das ist doch unheimlich viel mehr als ein Haufen Steine!" *Wolfgang Borchert*

▶„Hamburg ist die beste Republik. Seine Sitten sind englisch, und sein Essen ist himmlisch." *Heinrich Heine*

▶„Beförderer vieler Lustbarkeiten, du angenehmer Alsterfluß! Du mehrest Hamburgs Seltenheiten und ihren fröhlichen Genuß." *Friedrich von Hagedorn*

Steinway & Sons

Wenn in den großen Konzerthallen der Welt ein Flügel erklingt, ist die Chance groß, dass es sich dabei um „einen Steinway" handelt. Findet das Konzert in Europa statt, so kommt das Instrument meist aus Hamburg. Denn hier ist seit 1880 das europäische Standbein des renommierten Klavierherstellers. Dass nach Firmenangaben mehr als 90 Prozent der konzertierenden Pianistinnen und Pianisten die Marke Steinway & Sons bevorzugen – darunter so unterschiedliche Talente wie Franz Liszt, Vladimir Horowitz, Herbie Hancock oder Billy Joel – ist kein Zufall. Denn die außergewöhnliche Klangqualität und die genaue mechanische Übersetzung zwischen Tastenanschlag und Klangerzeugung haben bei Steinway seit 1853 Tradition. Der aus Deutschland eingewanderte Heinrich Engelhard Steinweg baute damals mit seinen Söhnen in New York das Unternehmen Steinway & Sons auf. ▶ *1880 nahm Steinway in Hamburg-Altona eine zweite Manufaktur in Betrieb. Zunächst wurden die Klaviere direkt ab Werk verkauft, 1904 eröffnete am Jungfernstieg ein Geschäft, 1953 folgte der Umzug in die Colonnaden.* Pianisten und Orchesterleiter aus der „Alten Welt" waren begeisterte Abnehmer – und so wurde die Manufaktur bald zu klein. Eine größere und inzwischen mehrfach ausgebaute Produktionsstätte entstand in den 1920er-Jahren in Bahrenfeld. Hier befindet sich seit Anfang 2005 auch die neue Verkaufsstelle: ein Pianohaus mit 600 Quadratmeter Fläche.

Steinway & Sons
Rondenbarg 10
22525 Hamburg

www.steinway.com

Sterillium®

Alkohol. Tonnenweise Alkohol. Dazu viel Wasser, ein paar Säcke Pulver mit Trockenfett und etwas Parfüm. Und natürlich die leuchtend blaue Farbe – das Markenzeichen von Sterillium®, dem weltbekannten Hände-Desinfektionsmittel der BODE Chemie aus Hamburg-Stellingen. Zwanzig Tonnen des Arzneimittels rühren die Beschäftigten täglich in den riesigen Kesseln aus Edelstahl an. Zwanzig Tonnen Sterillium® gegen die vielen Milliarden Bakterien, Pilze und Viren.

Längst ist die Marke Sterillium® zum Synonym für Hände-Desinfektionsmittel geworden. Alle Krankenhäuser in Deutschland kaufen bei BODE. Sterillium® ist auch fast überall in Europa die Nummer eins.

Die Rohmaterialien für Sterillium® rollen täglich per Lkw und Tanklastzug auf das Firmengelände. Das Propanol – reiner Alkohol – strömt dann durch die Einfüllstutzen in die Vorratstanks im Keller. Ein Geheimrezept für Sterillium® gibt es nicht. Das Präparat ist als Arzneimittel zugelassen; alle Inhaltsstoffe werden deklariert. Zur Geschichte: ▶ *1964 entwickelten Wissenschaftler von BODE Chemie zusammen mit dem UKE eine alkoholische Lösung zum Einreiben der Hände – das Sterillium®.* Die Idee dahinter: Reiner Alkohol wirkt zwar gut gegen Bakterien, ist aber nicht gerade hautschonend, so dass die Chemiker hautpflegende, rückfettende Substanzen hinzufügten. BODE Chemie wurde 1924 in Hamburg-Winterhude als Bacillolfabrik Dr. Bode & Co. gegründet und gehört seit 1983 zu 75 Prozent zur Beiersdorf AG.

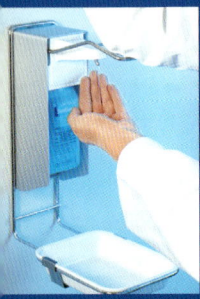

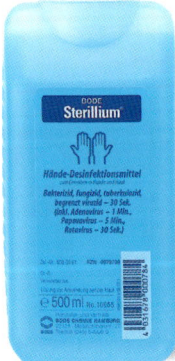

BODE Chemie GmbH & Co.
Melanchthonstr. 27
22525 Hamburg

www.bode-chemie.de

STERN

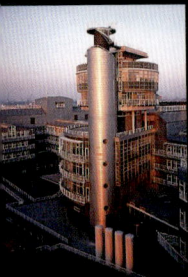

Seit dem ersten Titelbild 1948 – es zeigte die Schauspielerin Hildegard Knef – hat das Hamburger Magazin stern immer wieder mit guten Fotos und engagierten Reportagen die Gemüter erhitzt. Regelmäßig sorgte die von Henri Nannen gegründete Illustrierte für gesellschaftlichen Zündstoff. So bekannten sich im Juni 1971 auf der Titelseite Frauen zu ihrem Schwangerschaftsabbruch – in einer Zeit, in der dieses Thema noch absolut tabu war. 1978 warfen die die Tonbandprotokolle einer 15-jährigen Drogenabhängigen, die unter dem Titel „Christiane F. – Wir Kinder vom Bahnhof Zoo" veröffentlicht wurden, zum ersten Mal ein ungeschminktes, gleichwohl verständnisvolles Licht auf den Weg einer Jugendlichen in die Drogenszene. Später sorgte die Russland-Hilfe des stern für Aufsehen, mit 138 Millionen DM Erlös eine der bisher erfolgreichsten Aktionen dieser Art in der Nachkriegszeit. Der stern präsentiert jede Woche das Wichtigste des Zeitgeschehens mit aktuellen Beiträgen aus Politik, Wirtschaft, Kultur und Gesellschaft einerseits sowie hochwertiger Unterhaltung andererseits und erreicht wöchentlich acht Millionen Leser. ▶ *Damit ist das von Gruner + Jahr in Hamburg verlegte Magazin*

die meist gelesene frei verkäufliche Publikumszeitschrift in Deutschland. Gesellschaftliches Engagement zeigt der stern unter anderem mit Initiativen wie „Jugend forscht", dem Gründerwettbewerb „Start-up" oder der Aktion „Mut gegen rechte Gewalt".

STERN
Gruner + Jahr
AG & Co KG
Druck- und
Verlagshaus
Am Baumwall 11
20459 Hamburg

www.stern.de

Tchibo

Wie keine andere Marke begleitet der Hamburger Kaffeeröster Tchibo mit seinen Produkten die Verbraucher von morgens bis abends. Ob eine frische Tasse Kaffee zum Frühstück, das Koch-Set für die Zubereitung des Mittagessens, die Sportausrüstung für den Nachmittag oder den Laptop zum Arbeiten – seit mehr als 55 Jahren steht der Name Tchibo für Kaffeeleidenschaft und Genuß. ▶ *Bereits 1949 revolutionierten die Hamburger Kaufleute Max Herz und Carl Tchilling den Kaffeemarkt mit einer einfachen Geschäftsidee: Sie verschickten Röstkaffee per Post an die Kunden.* Mit Erfolg. 1955 begann der Verkauf im eigenen Fachgeschäft und der Firmenname – eine Wortkombination der ersten Silben des Namens Tchilling und des Wortes Bohne – wurde zu einer der bekanntesten Marken Deutschlands. Die Marke Tchibo steht heute aber nicht nur für höchste Röstkaffeekompetenz und Kaffeegenuss im Gastro-Bereich. Unter dem Motto „Jede Woche eine neue Welt" fasziniert Tchibo seine Kunden seit 1973 auch mit Mode und Schmuck, Haushaltsgeräten und Sportartikeln, Unterhaltungselektronik und Wohnaccessoires. Darüber hinaus bietet Tchibo in seinen rund 1000 Filialen auch Reisen, Finanzdienstleistungen und die mobile Kommunikation per Handy an. Mit einer Markenbekanntheit von fast 100 Prozent findet man Tchibo Produkte heute in fast jedem deutschen Haushalt. Das einzigartige Geschäftsmodell von Tchibo wurde mit dem Deutschen Marketing-Preis 2005 ausgezeichnet.

Tchibo GmbH
Überseering 18
22297 Hamburg

www.tchibo.com

tesa®-Film

tesa Film – eine Marke erobert Deutschland. Zunächst war tesa als Bezeichnung für die von Beiersdorf entwickelte Patenttube der Zahnpasta Pebeco eingeführt. ▶ *Die Erfolgsgeschichte von tesa begann 1936 mit der Vermarktung durch Hugo Kirchberg, wohl zu recht als Mr. tesa bezeichnet. Er griff auf den unverwechselbaren Namen tesa zurück, einst eine Phantasieschöpfung von Elsa Tesmer, die bis 1908 bei Beiersdorf als Sekretärin arbeitete.* Aus Bestandteilen ihres Namens schuf sie eine Marke, die heute in Deutschland einen Sympathiewert von 87% und eine Markenbekanntheit von nahezu 100% hat. Der berühmte tesafilm ist qualitativ so hochwertig, dass auf einer Rolle tesa theoretisch digitale Daten gespeichert werden könnten. Über 300 professionelle Produkte, darunter tesa Powerstrips, tesa krepp, tesa Photo oder tesa Protect Pollenschutzgitter erleichtern den Verbrauchern das Leben. 70% des Umsatzes erwirtschaftet die tesa AG heute mit industriellen Anwendungen. In der Auto-, Druck-, Papier- und Elektronikindustrie steht die Dachmarke für Spezialklebebänder, die Produktionsabläufe vereinfachen und so das Endprodukt verbessern.

Die gesamte tesa Produktpalette umfasst mittlerweile über 6500 Systeme und Lösungen zum Kleben, Befestigen, Sichern und Fixieren. In über 100 Ländern werden tesa Produkte vertrieben – Erfindungen aus Hamburg, die bis heute weltweit für Qualität stehen.

Tesa AG
Quickbornstraße 24
20253 Hamburg

info@tesa.de

tesa Holospot-System®

Zufällig entdeckten Wissenschaftler der Universität Mannheim 1998, dass sich auf einer Rolle tesafilm mit einem Laser große Datenmengen speichern lassen. Die Nachricht sorgte für Aufsehen und aus einer Laune wurde eine Geschäftsidee.

Die tesa AG gründete 2001 zusammen mit den Forschern die tesa scribos GmbH in Heidelberg. Das tesa Holospot-System und die tesaROM waren die ersten Produkte der neuen Firma. ▶ *Mit dem Holospot System wurde eine völlig neue Technologie entwickelt, die Produkte gegen Fälschung sichert.* Kernstück ist ein winziges Etikett mit einem ein Quadratmillimeter großen Datenfeld, auf dem sich bis zu einem Kilobyte Informationen wie Texte und digitale Hologramme speichern lassen. Jeder der winzigen Holospots lässt sich mit anderen Informationen beschreiben, die jedem einzelnen Produkt seine unverwechselbare Identität geben – wie ein Fingerabdruck. Diese Informationen können auf kleinstem Raum direkt am Produkt untergebracht und später mit einer Lupe oder einem Lesegerät ausgelesen werden. Dieser „Reisepass" beweist nicht nur die Echtheit des Produkts, er macht zusätzlich die gezielte Verfolgung jedes Einzelstücks auf seinem Weg zum Empfänger möglich. Schon jetzt liegt der Weltmarkt solcher Technologien bei rund einer Milliarde Euro und wird sich bis 2010 mehr als verdoppeln. Auch die Entwicklung der tesaROM wurde abgeschlossen. Auf drei Lagen eines Spezialfilms können mittels Lasertechnologie Informationen vom Umfang einer DVD gespeichert werden.

Tesa AG
Quickbornstraße 24
20253 Hamburg

info@tesa-scribos.com

ERNSTÜCK IST EIN WINZIGES ETIKETT MIT EINEM EIN QUADRATMILLIMETER GROßEN DA-
ENFELD, AUF DEM SICH BIS ZU EINEM KILOBYTE INFORMATIONEN WIE TEXTE UND
GITALE HOLOGRAMME SPEICHERN LASSEN. JEDER DER WINZIGEN
OLOSPOTS LÄSST SICH MIT ANDEREN INFORMATIONEN BESCHREIBEN,
E JEDEM EINZELNEN PRODUKT
INE UNVERWECHSELBARE
ENTITÄT GEBEN

KERNSTÜCK IST EIN WINZIGES
ETIKETT MIT EINEM EIN QUADRATMILLIMETER GROSSEN DATENFELD,
AUF DEM SICH BIS ZU EINEM KILOBYTE INFORMATIONEN WIE TEXTE UND DIGITALE HOLO-
GRAMME SPEICHERN LASSEN. JEDER DER WINZIGEN HOLOSPOTS LÄSST
SICH MIT ANDEREN INFORMATIONEN BESCHREIBEN, DIE JEDEM EINZELNEN PRODUKT
SEINE UNVERWECHSELBARE IDENTITÄT GEBEN – WIE EIN FINGERABDRUCK.
KERNSTÜCK IST EIN WINZIGES ETIKETT MIT EINEM EIN QUADRATMILLIMETER GROSSEN
DATENFELD, AUF DEM SICH BIS ZU EINEM KILOBYTE INFORMATIONEN WIE TEXTE UND
DIGITALE HOLOGRAMME SPEICHERN LASSEN. JEDER DER WINZIGEN HOLOSPOTS LÄSST SICH
MIT ANDEREN INFORMATIONEN BESCHREIBEN, DIE JEDEM EINZELNEN PRODUKT SEINE
UNVERWECHSELBARE IDENTITÄT GEBEN – WIE EIN FINGERABDRUCK. KERNSTÜCK IST EIN
WINZIGES ETIKETT MIT EINEM EIN QUADRATMILLIMETER GROßEN DATENFELD,
AUF DEM SICH BIS ZU EINEM KILOBYTE INFORMATIONEN WIE TEXTE
UND DIGITALE HOLOGRAMME SPEICHERN LASSEN

Heißes mit Tri-Top...
...gegen Vatis klamme Finger, Muttis blaugefrorene Ohren und Mimis rotes Näschen.

Brombeer-Punsch
1 Teil TRI-TOP Brombeere,
1 Eßlöffel Zitronensaft und
1 Teelöffel Honig mit 4 Teilen
heißem Brombeerblättertee
auffüllen.

Eislauf-Drink
1 Teil TRI-TOP Pflaume und
1 Teelöffel Honig mit
4 Teilen heißem Hage-
buttentee auffüllen.

Fliederbeer-Suppe
1/4 l TRI-TOP Holunder-
Fliederbeere, 1 l Wasser,
200 g Apfelscheiben,
1 Zitronenscheibe und
1 Prise Salz aufkochen und
andicken.

Ski-Wasser
1 Teil TRI-TOP Zitrone
und 1 Teelöffel Honig
mit 4 Teilen heißem
Wasser auffüllen.

Feuer-Punsch
1 Teil TRI-TOP Schwarze
Johannisbeere,
2 Teile Rotwein und 1 Teil
Wasser mit etwas
Zitronenschale,
Nelken und
Stangenzimt zum
Kochen bringen
und 1 Teil Rum
dazugeben.

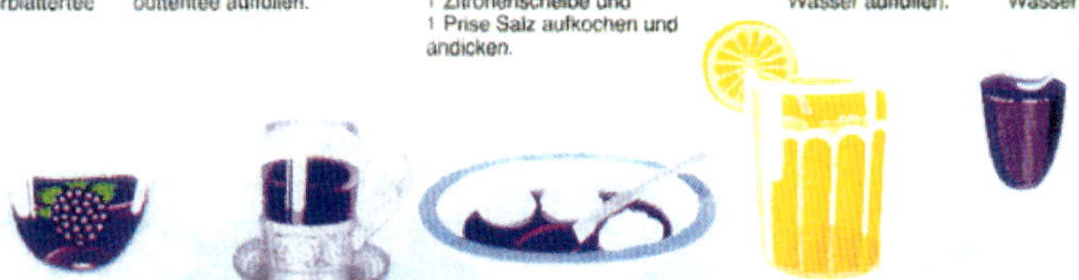

...und will man 18 Gläser fruchtige Erfrischung, macht man mit Wasser nur die Mischung.

TRi TOP

TRi TOP, der bunte und fruchtig-süße Kultsirup der 1970er-Jahre ist zurück. Wiederentdeckt wurde die Marke von der Firma ds produkte in Stapelfeld bei Hamburg. Dabei war TRi TOP ursprünglich eine Erfindung des Hamburger Lebensmittelmultis Unilever, der in besten Zeiten jährlich 20 Millionen der Flaschen mit dem geriffelten Schraubverschluß absetzte. Doch dann ging die Nachfrage zurück, die Marke geriet in Vergessenheit. ▶ *Mitten im 1970er-Jahre-Revival griffen die Marketingprofis von ds produkte zu. Sie meldeten den ungeschützten Markennamen wieder an, gründeten die TRi TOP GmbH und ließen den Sirup mit neuer, verbesserter Rezeptur wieder auferstehen – in sechs, heute schon zehn Geschmacksrichtungen, von Kirsche bis Multivitamin.* Ein genialer Schachzug, nicht nur weil sich der Sirup bestens mit den Wasser-Maxx-Wassersprudlern ergänzt, die die Stapelfelder ebenfalls erfolgreich vertreiben: Gleich zum Marktstart Mitte 2003 wurde TRi TOP wieder zum Verkaufsschlager. Mehr als eine Million Flaschen gingen in den Handel, waren zeitweise ausverkauft. Und dass, obwohl 95 Prozent aller neu eingeführten Lebensmittelprodukte floppen und obwohl TRi TOP ohne Werbung startete. Heute ist TRi TOP im deutschen Einzelhandel allgegenwärtig, jung und alt mischt jetzt wieder den leckeren Sirup. Und die TRi TOP-Fangemeinde wächst, angeschoben von www.tritop.de: Hier werden TRi TOP-Erinnerungsfotos aus den 1970ern präsentiert, Rennen mit Bonanza-Rädern organisiert und alte Super-8-Filme auf DVD gebrannt.

TRi TOP GmbH
Stormarnring 4
22145 Stapelfeld
www.tritop.de

YXLON
Röntgen für Räder

Ohne Reifen und ohne Felgen rollt kein Auto. Und ohne qualitätsgeprüfte Räder gibt es keine Sicherheit auf der Straße. Dafür, dass moderne Leichtmetallfelgen die Produktion in perfektem Zustand verlassen, sorgen die Röntgensysteme von YXLON International aus Hamburg, dem Weltmarktführer im Bereich der industriellen Röntgenprüfung. ▶ *Das Unternehmen, dessen Tradition über Philips Industrial X-Ray und Röntgenmüller direkt auf die Entdeckung der Röntgenstrahlung durch W.C. Röntgen im Jahr 1895 zurückreicht, hat die weltweit erfolgreichste Räderprüfanlage entwickelt – die YXLON „MU231".* Das Kürzel steht für ein System zur automatischen Serienprüfung von Alufelgen. Seit 1997 wurde es mehr als 150 Mal an Kunden in der Automobil-Zulieferindustrie verkauft. Dank modernster Röntgentechnik und spezieller Software kann das System eine Alufelge innerhalb von 25 Sekunden komplett durchleuchten und analysieren. Selbst kleinste Anomalien der Metallräder werden entdeckt. Gut für die Felgenhersteller: Sie haben mit der MU231 ein ausgezeichnetes Werkzeug zur Qualitätssicherung und können fehlerhafte Ware sofort aussortieren. Der geringere Ausschuss erhöht die Produktivität und senkt Kosten. Mittlerweile haben die YXLON-Ingenieure ein Nachfolgemodell der MU231 entwickelt, die „Wheel 7700". Sie nimmt die Räder sogar in weniger als 20 Sekunden komplett unter die Lupe.

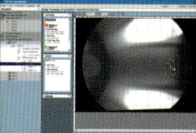

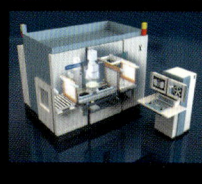

YXLON International
X-Ray GmbH
Essener Bogen 15
22419 Hamburg

www.yxlon.com

Über die Bedeutung der Marke

Marken sind wieder in Mode. Noch nie wurden so viele internationale Handelsmarken registriert wie 2005, und zum 13. Mal in Folge belegte Deutschland in der Statistik der World Intellectual Property Organization (WIPO) mit 5802 von insgesamt 33.565 Anträgen den ersten Platz – mit deutlichem Abstand vor Frankreich (3497) und den Vereinigten Staaten (2847). Die älteste noch gültige internationale Marke gehört übrigens der Swatch Group. Sie wurde bereits 1893 angemeldet und heißt Longines. Heute verzeichnet die WIPO mehr als eine halbe Million Trademarks, darunter auch den deutschen Markenklassiker überhaupt: Nivea aus Hamburg. Die schneeweiße Creme in der blauen Dose hat Weltkarriere gemacht wie kaum eine andere deutsche Erfindung.

Und das Beispiel Nivea zeigt, wie man es richtig macht. Denn Nivea ist weit mehr als ein Produktname. Die Marke hat ein klares Profil – und sie steht mit ihrer langen Tradition für Erfahrung, für Know-how. In Zeiten namenloser Discounter-Ware ein entscheidender Vorteil. Denn Käufer suchen in einer zunehmend komplexen Konsumwelt Orientierung. Sie greifen im Regal nach Marken, weil sie Vertrauen ausstrahlen, weil sie für Qualität stehen, für Sicherheit – und das nicht selten schon seit Generationen. Da ist es auch kein Zufall, dass sich viele erfolgreiche Marken direkt auf ihren Gründer zurückführen lassen. Und es ist auch kein Zufall, dass immer mehr Unternehmen auf History Marketing setzen. Sie beleben ihre Firmenhistorie durch eine zielgerichtete PR, bauen mit Hilfe

externer Dienstleister wie dem ifw Institut für Firmen-
und Wirtschaftsgeschichte aus Hamburg ein Firmen-
archiv auf oder lassen History-Marketing-Konzepte
entwickeln. Denn es hat sich herumgesprochen, dass
der historische Kern einer Marke bis zu 25 Prozent
des Markenwertes ausmachen kann und sich der of-
fensive Umgang mit der eigenen Markengeschichte
lohnt. Dass sich selbst brachliegendes Markenkapital
mit Erfolg wiederbeleben lässt, zeigt das Beispiel des
Kultsirups der 1970er Jahre TRiTOP aus Hamburg, der
nach fast 30 Jahren Marktabstinenz jetzt wieder sehr
erfolgreich verkauft wird. Auch andere deutsche Marken feiern mit Hilfe des History Marketing ein Come-
back, etwa Afri-Cola, Ahoi Brause und Sinalco.

Keine Frage: Um im harten Wettbewerb zu bestehen,
spielen Marken für die Hersteller eine zunehmend
wichtige Rolle. Marken beeinflussen Kaufentschei-
dungen. Marken sind ein Symbol für Erfolg, sie ziehen Investoren an. Doch Marken müssen gut geführt
werden, und sie müssen gegen Nachahmer geschützt
werden. Immerhin gibt es ernstzunehmende Schät-
zungen, wonach bereits zehn Prozent des Welthan-
dels aus Fälschungen besteht. Marken, auch das wird
immer deutlicher, sind oft der wichtigste Unterneh-
menswert. Diesen Wert gilt es zu sichern.

Bildnachweise:

Titelbilder:
Michael Rabe, innen: Joris Wiebe, Hafen Hamburg/Hettchen

Autoren (Portrait Sven Tode): Marzena Mroz

dpa S. 45, 51, 87
Marzena Mroz S. 16, 24–25, 49, 51, 57, 82-86, 103, 132, 136–137
Michael Rabe S. 24–25, 42–45, 62–65, 82–85, 102–103, 118–119,
134–135
S. 25 www.wikipedia.de/gemeinfrei
S. 42 Wikipedia/Gemeinfrei, Wikipedia/Gulp
S. 43 Hapag-Lloyd AG, Brahms-Institut an der Musikhochschule
Lübeck
S. 44 Promotion & Sportevents Werner Treimetten, AdsD der
Friedrich-Ebert-Stiftung
S. 48 Antje Frohmüller
S. 62 www.wikipedia.de/S. Kopp, www.wikipedia.de/Heidas,
www.PixelQuelle.de
S. 63 www.wikipedia.de/Daniel Ullrich, www.wikipedia.de/Heidas,
www.wikipedia.de/Seungmin Whang, www.PixelQuelle.de
S. 64 Joris Wiebe, www.wikipedia.de/Wolfgang Meinhard,
Gruner + Jahr AG & Co.KG
S. 65 www.wikipedia.de/Wolfgang Meinhard, Mathias Eberenz,
Herzog & de Meuron
S. 76 Mirko Hannemann
S. 82 www.wikipedia.de/Horst Frank
S. 83 www.wikipedia.de/KMJ
S. 85 Hamburg Tourismus GmbH
S. 102 City Management Hamburg, Ortwin Knabe,
aus dem Buch Paul Möhring, Hummel! Hummel, Hansa Verlag
Ingwert Paulsen, Husum 1984

Alle anderen Motive/Bilder/Fotos wurden von den Firmen zur
Verfügung gestellt. Wir haben uns nach bestem Wissen und
Gewissen bemüht, alle Rechteinhaber ausfindig zu machen.
Etwaige unberücksichtigte Rechteinhaber wenden sich bitte
an den Verlag.

Danksagung

Zum Gelingen dieses Buches haben viele beigetragen. Natalia Müller hat die Koordination übernommen, Gitte Alpen zeichnet für Layout und graphischen Entwurf und Janine Schulz für die Reinzeichnung verantwortlich. Silke Eberenz gab wertvolle Anregungen und stand mit Rat und Tat zur Seite. Ihnen allen danken wir herzlich für Ihre Unterstützung. Etwaige verbleibende Unzulänglichkeiten sind allein den Autoren anzulasten.

Hamburg im März 2006

Sven Tode   Mathias Eberenz

Genial in Hamburg

Sven Tode und Mathias Eberenz stellen die interessantesten Unternehmen der Elbmetropole zwischen Tradition und Innovation vor.

Sven Tode
Mathias Eberenz
Genial in Hamburg
172 Seiten
Farbfotos, Leinen
2005
ISBN 3-922857-32-9
€ 24,80

Hanseaten neigen zum Understatement, und unternehmerischer Erfolg wird an der Alster traditionell nicht an die „große Glocke" gehängt. Dabei haben Hamburger Firmen einiges zu bieten: Ihre Produkte und Dienstleistungen sind rund um den Globus gefragt; Hamburger Traditionsmarken wie Nivea und Montblanc gehören zu den bekanntesten der Welt. Und viele Hamburger Firmen, darunter auch weniger bekannte, sind dank ihrer Innovationskraft zu den „heimlichen Weltmeistern" ihrer Branche.

Dieses Buch – das erste seiner Art in Hamburg – stellt über 60 der bedeutendsten Unternehmen der Metropolregion Hamburg vor – vom traditionsreichen Weltkonzern bis zur innovativen Hightechschmiede. Es gewährt Einblicke in die Vielfalt der unternehmerischen Leistungen, stellt die wichtigsten Produkte „Made in Hamburg" vor und portraitiert die Unternehmenslenker von gestern und heute, ohne deren Mut und Weitsicht weder Wirtschaftswachstum noch Beschäftigung möglich sind.